ENSEIGNEMENT PRIMAIRE SUPÉRIEUR

L. MABILLEAU E. LEVASSEUR E. DELACOURTIE

Instruction Civique

DROIT USUEL — ÉCONOMIE POLITIQUE

2me et 3me Années

HACHETTE ET Cie

2 fr.

Imp. CRÉTÉ.

NOTIONS ÉLÉMENTAIRES
D'INSTRUCTION CIVIQUE

2me et 3me Années

A LA MÊME LIBRAIRIE

COURS D'ÉTUDES LITTÉRAIRES

rédigé conformément aux programmes officiels du 26 juillet 1909

A L'USAGE DES ÉCOLES PRIMAIRES SUPÉRIEURES

FORMAT IN-16 CARTONNÉ

LANGUE FRANÇAISE

Maquet, professeur au lycée Condorcet et **Flot,** professeur au lycée Charlemagne, avec la collaboration de M. JOLIVET, professeur à l'Ecole Colbert : *Cours de Langue française, grammaire et exercices*, rédigé conformément aux programmes de 1909 et à l'arrêté ministériel du 25 juillet 1910 relatif à la nomenclature grammaticale. Un vol. 1 50

Livre du Maître. Un fort vol. . . . . 4 »

— *Complément du Cours de Langue française*, 3e année. Un vol. 1 50

Cahen (A.) : *Morceaux choisis des écrivains français du XVIe au XIXe siècle* suivis de pages célèbres des littératures étrangères, publiés conformément aux programmes des écoles primaires supérieures, avec des notices et des notes. Un vol. . . . . 2 »

HISTOIRE

Malet (Albert) et **J. Isaac,** professeur agrégé au lycée de Lyon : *Cours d'histoire* rédigé conformément aux programmes de 1909. Trois vol. :

1re ANNÉE. *Histoire de France,* depuis le début du XVIe siècle jusqu'en 1789. Un vol. . . . . 2 »
2e ANNÉE. *La France* de 1789 à la fin du XIXe siècle. Un vol. . 2 »
3e ANNÉE. *Le Monde au XIXe siècle.* Un vol. . . . . 2 »

GÉOGRAPHIE

Gallouédec (L.), inspecteur général de l'Instruction publique et **F. Maurette,** professeur agrégé d'histoire : *Cours de géographie,* rédigé conformément aux programmes de 1909. Trois vol. :

1re ANNÉE. *Principaux aspects du globe, la France.* 3e édition. Un vol. . . . . 2 »
2e ANNÉE. *L'Europe moins la France.* 2e édition. Un vol. . . . 2 »
3e ANNÉE. *Le Monde moins l'Europe.* Un vol. 2 50

Schrader et **Gallouédec** : *Atlas classique de géographie moderne* composé à l'usage de l'enseignement primaire supérieur. Trois volumes in-4°, cartonnés :

1re ANNÉE. *La France.* Un vol. 2 50
2e ANNÉE. *L'Europe moins la France.* Un vol. . . . . 2 »
3e ANNÉE. *Le Monde moins l'Europe.* Un vol. . . . . 3 »

MORALE

Faye (S.), professeur à l'Ecole J.-B.-Say : *Causeries morales,* rédigées conformément aux programmes de 1909. Un vol.. . . 1 50

INSTRUCTION CIVIQUE

Mabilleau, Levasseur et **Delacourtie.** *Notions élémentaires d'instruction civique, de droit usuel et d'économie politique,* rédigées conformément aux progr. de 1909, 2e et 3e années. 3e éd. Un vol. 2 »

74301. — Imprimerie LAHURE, 9, rue de Fleurus, à Paris.

ENSEIGNEMENT PRIMAIRE SUPÉRIEUR

L. MABILLEAU
Directeur
du Musée social.

E. LEVASSEUR
Membre de l'Académie
des Sciences morales.

E. DELACOURTIE
Avocat
à la Cour d'appel de Paris.

NOTIONS ÉLÉMENTAIRES
D'INSTRUCTION CIVIQUE

de Droit Usuel et d'Économie Politique

OUVRAGE RÉDIGÉ CONFORMÉMENT
AUX NOUVEAUX PROGRAMMES DU 26 JUILLET 1909

2me et 3me Années

TROISIÈME ÉDITION REVUE

PARIS
LIBRAIRIE HACHETTE ET Cie
79, BOULEVARD SAINT-GERMAIN, 79

1914

AVANT-PROPOS

Le présent volume est une adaptation des précédents ouvrages de MM. Mabilleau, Levasseur et Delacourtie aux nouveaux programmes du 26 juillet 1909.

Un simple coup d'œil jeté à la table des matières prouvera qu'aucun des points du programme officiel des Ecoles primaires supérieures n'a été négligé. Autant que possible on a respecté cet ordre même, sauf sur deux ou trois points où il a semblé préférable d'intervertir les questions afin de leur donner une suite logique avec les leçons qui les précèdent ou qui les suivent. On a pensé que ce livre étant déjà très succinct, il n'était pas nécessaire de donner un résumé de chaque leçon ou alors on n'aurait eu que des canevas de leçon peu intéressants.

Le professeur voudra bien se souvenir qu'il doit éclairer son enseignement par des *exemples tirés de la vie courante de l'homme et du citoyen*, il mettra entre les mains de ses élèves les actes et documents dont ils pourront avoir à se servir plus tard, tels que polices d'assurances, actes de naissance, lettres de change, avis de contribution directe, actions et obligations, etc....

Cet ouvrage ne peut être, pour les élèves, qu'un aide-mémoire très précieux où ils retrouveront la substance même des leçons de leur professeur, mais tel quel ce livre est appelé à rendre à tous de réels services

EXTRAIT DES PROGRAMMES OFFICIELS

ARRÊTÉ LE 20 JUILLET 1909

POUR L'ENSEIGNEMENT PRIMAIRE SUPÉRIEUR

NOTIONS ÉLÉMENTAIRES D'INSTRUCTION CIVIQUE
de droit usuel et d'économie politique

Ce cours sera réparti de la manière suivante :

DEUXIÈME ANNÉE :

Instruction civique (environ 20 leçons).

Droit usuel. — Droit privé. — Les personnes et les biens (15 leçons).

TROISIÈME ANNÉE :

Droit usuel; suite du droit privé. — Contrats; successions et droit commercial (15 leçons).

Economie politique (20 leçons).

Le professeur devra s'attacher, autant que possible, à éclairer son enseignement par des *exemples tirés de la vie courante de l'homme et du citoyen*; il indiquera les précautions à prendre dans la passation de divers contrats, les circonstances dans lesquelles la responsabilité peut être engagée, les cas dans lesquels le citoyen peut avoir à défendre ses droits contre l'Administration : au besoin, il mettra entre les mains de ses élèves les actes et documents dont ils pourront avoir à se servir plus tard, tels que lettres de change, avis de contribution directe, testament, lettre de voiture, modèle d'actes et d'obligations, etc.

DEUXIÈME ANNÉE
(1 heure par semaine)

INSTRUCTION CIVIQUE ET DROIT USUEL

Instruction Civique — Droit Public
(environ 20 Leçons)

I. *Les droits individuels des citoyens français* (page 1). — Egalité civile (2), liberté individuelle (3), liberté de conscience et de culte (3) — Liberté du travail, du commerce et de l'industrie (4). — Liberté de réunion et d'association (4). — Liberté de la presse (5).

II. *La souveraineté nationale et le suffrage universel* (6). — Les lois constitutionnelles (7). — Les pouvoirs publics (7) : le pouvoir législatif (9) et le pouvoir exécutif (13). — Le Sénat (9) et la Chambre des Députés (10). — Le Président de la République (13), les Ministres (13), le Gouvernement parlementaire (8).

III. *Organisation administrative* (15). — Administration centrale et administration locale (16). — Division du territoire de la France en départements, arrondissements et communes (15) : 1° le département (15), le préfet (16) et le conseil général (17) ; la commission départementale (17) ; 2° l'arrondissement (18), le sous-préfet (18) et le conseil d'arrondissement (18) ; 3° la commune (19), le maire (20) et le conseil municipal (21).

IV. *Organisation judiciaire* (24). — Publicité de la justice (26). — Les juridictions en matières civile et commerciale : 1° juges de paix (26) ; 2° tribunaux de première instance (26) ; 3° Cours d'appel (26) ; 4° tribunaux de commerce (27) ; 5° conseils de prud'hommes (27) ; 6° la Cour de cassation. — Le ministère public (24). — Auxiliaires de la justice (27) : avocats (27), avoués (27), huissiers (28). — Assistance judiciaire (28).

Les juridictions répressives (28) : les tribunaux de répression (28) ; les juridictions d'instruction (29) ; le tribunal de simple police (29) ; le tribunal correctionnel (29) ; la Cour d'assises (30) ; la Cour de cassation (27).

Les juridictions administratives (31) : le Conseil de préfecture (31), le Conseil d'Etat (32) et la Cour des comptes (32).

V. *Les impôts* (33). — Notions très sommaires sur les impôts directs et les impôts indirects (33). — Le vote et le recouvrement de l'impôt (35). — Les impôts d'Etat (37) et les impôts locaux (37).

VI. *Le service militaire* (37).

Droit privé

(environ 15 leçons)

1re PARTIE : LES PERSONNES.

Actes de l'état civil (49). — Actes de naissance (51), de mariage (52), de décès (52).

Constitution de la famille (52). — Le mariage (52). — Droits et devoirs respectifs des époux (55). — Notions très sommaires sur le contrat de mariage (55). — Incapacité de la femme mariée (57) : ses droits sur son épargne et sur les produits de son travail (58). — Divorce et séparation de corps et de biens (58). — La puissance paternelle (59). — La parenté et l'alliance (60). — Obligations alimentaires entre certains parents et alliés (63).

Les incapables (63). — Tutelle (63). — Emancipation (67). — Interdiction (68).

2e PARTIE : LES BIENS.

Distinction des biens (70) : Meubles (71) et immeubles (70). — Titres nominatifs et au porteur (72).

Distinction fondamentale entre les droits réels et les droits personnels (72). — Le droit de propriété (73). — Notions très sommaires sur les modes d'acquisition de la propriété (74). — Expropriation pour cause d'utilité publique (75) — Usufruit (77) et servitudes (78).

Irrigation (78), assainissement (78), drainage (78), bornage (79), mitoyenneté (80). — Notions très sommaires sur la propriété industrielle (brevets et marques de fabrique) (76).

TROISIÈME ANNÉE
(1 heure par semaine)

DROIT USUEL ET ÉCONOMIE POLITIQUE

Mêmes instructions que pour la deuxième année. (Voir page VII.)

Droit Privé (suite)
(environ 15 leçons)

3e PARTIE : DES CONTRATS ET DES OBLIGATIONS.

Sources des obligations contractuelles et non contractuelles (85) — Notions très sommaires sur la liberté des conventions (85). — Acte authentique et acte sous-seing privé (88). — De la capacité de contracter (86). — De l'enregistrement des actes écrits et de ses effets (88).

Étude pratique des contrats les plus usuels (90) : la vente (90), le louage (91). — Louage des choses (91). — Baux à ferme et à loyer (91). — Colonage partiaire ou métayage (92).— Cheptel (92).— Louage de services (93). — Rapports entre ouvriers et patrons (93). — Conflits industriels et grèves (95). — Accidents du travail (96). — Le prêt à intérêt (97). — L'usure (97). — Notions très sommaires sur les privilèges et hypothèques (98).

Les assurances (100) : principes et solutions pratiques en prenant pour types l'assurance contre l'incendie (100) et l'assurance sur la vie (101).

La responsabilité d'après les articles 1382 et suivants du Code civil (87).

Notions très sommaires sur les modes d'extinction des obligations (89).

4e PARTIE : SUCCESSIONS, LEGS ET DONATIONS.

Successions déférées par la loi (103). — Successions *ab intestat* (103). — Les différentes classes d'héritiers (103). — Acceptation (105), renonciation (106), acceptation sous bénéfice d'inventaire (106). — Du partage (107). — Du rapport à succession (107).

Des donations et testaments (107). — De la donation entre vifs (107). — Du testament (108) : ses diverses formes (108). — Différentes espèces de legs (109).— Quotité disponible et réserve (109).

5e PARTIE : COMMENT ON DÉFEND SES DROITS.

Idée générale de la marche d'un procès (111).

6e PARTIE : DROIT COMMERCIAL.

Actes de commerce (115). — Livres de commerce (117). — Les effets de commerce (180) : lettre de change (181), billet à ordre (180), chèque (183). — Notions très sommaires sur les sociétés commerciales (118), la faillite (120) et la liquidation judiciaire (121).

Notions d'économie politique
(environ 20 leçons)

L'économie politique et sociale (123) : ses principales divisions (123).

I. PRODUCTION DE LA RICHESSE (127). — Les agents de la production : nature, travail et capital (127).

La nature (129) : milieu physique (130), sol, sous-sol (129), matières premières (130) et agents naturels (130).

Le travail (131) : travail intellectuel (132), invention (132), direction (132). — Travail manuel ou musculaire (131). — Division du travail (133) : exemples (134). — Les machines (136). — Avantages (134) et inconvénients (135) de la division du travail. — Les lois sur le travail : loi du 2 novembre 1892 sur le travail des enfants, des filles mineures et des femmes dans les établissements industriels (95). — Conditions de productivité du travail (133). — L'agriculture (135), l'industrie (136) et le commerce (136).

Le capital (139) : différentes espèces de capitaux : capital fixe (141) et capital circulant (142). — Résultats de l'association du capital et du travail (144). — La grande (144) et la petite (145) industrie. — Rôle de l'entrepreneur (145). — La grande et la petite culture (145).

Les syndicats professionnels, patronaux, ouvriers (146). — Grèves (91), lock-out (95), coalitions de producteurs agricoles (146).

II. Répartition de la richesse (149). — Régime de la propriété individuelle (149), le fermage (153) et la rente du sol (154).

La part du travail : le salaire (157), la participation aux bénéfices (159), le travail et la tâche (160).

La part du capital (161) : le loyer et l'intérêt (161).

La part de l'entreprise (163) : le profit (163).

Les associations ouvrières (164) : sociétés coopératives de crédit (164) et de production (164).

III. Circulation de la richesse (168) : l'échange (168). — La valeur et le prix (169). — Concurrence et monopole (170). — La monnaie (170),

Le crédit (174) : ses avantages (174). — Les instruments de crédit ; billets de banque (176), la Banque de France (177). — Rôle économique des banques (178) et des effets de commerce (180) : lettre de change (181), chèque (183), actions et obligations (184). — Le crédit public (184). — Emprunts de l'Etat (184), cettes publiques (186).

Le commerce intérieur et le commerce extérieur (188) : des moyens de transport rapides et à bon marché (189). — Importation et exportation (189). — Libre-échange et protection (190). — Droits de douanes et traités de commerce (191).

IV. Consommation de la richesse (191) : consommation reproductive, agricole, industrielle, commerciale (194). — Services publics (195). — Consommations improductives (195). — L'épargne (197), le luxe (196), la prévoyance (197) : caisses d'épargne (198) ; sociétés coopératives de consommation (164) ; assurances (100) ; caisses de retraites (199), sociétés de secours mutuels (199).

DÉCLARATION

DES DROITS DE L'HOMME ET DU CITOYEN

21-25 AOUT, 5 OCTOBRE 1789

Les représentants du peuple français, constitués en Assemblée nationale, considérant que l'ignorance, l'oubli ou le mépris des droits de l'homme sont les seules causes des malheurs publics et de la corruption des gouvernements, ont résolu d'exposer, dans une déclaration solennelle, les droits naturels, inaliénables et sacrés de l'homme, afin que cette déclaration, constamment présente à tous les membres du corps social, leur rappelle sans cesse leurs droits et leurs devoirs ; afin que les actes du pouvoir législatif et ceux du pouvoir exécutif, pouvant être à chaque instant comparés avec le but de toute institution politique, en soient plus respectés ; afin que les réclamations des citoyens, fondées désormais sur des principes simples et incontestables, tournent toujours au maintien de la constitution et au bonheur de tous.

En conséquence, l'Assemblée nationale reconnait et déclare, en présence et sous les auspices de l'Être suprême, les droits suivants de l'homme et du citoyen :

ARTICLE PREMIER. — Les hommes naissent et demeurent libres et égaux en droits. Les distinctions sociales ne peuvent être fondées que sur l'utilité commune.

ART. 2. — Le but de toute association politique est la conservation des droits naturels et imprescriptibles de l'homme. Ces droits sont la liberté, la propriété, la sûreté, et la résistance à l'oppression.

ART. 3. — Le principe de toute souveraineté réside essentiellement dans la nation. Nul corps, nul individu ne peut exercer d'autorité qui n'en émane expressément.

ART. 4. — La liberté consiste à pouvoir faire tout ce qui ne nuit pas à autrui : ainsi, l'exercice des droits naturels de chaque homme n'a de bornes que celles qui assurent aux autres membres de la société la jouissance de ces mêmes droits. Ces bornes ne peuvent être déterminées que par la loi.

Art. 5. — La loi n'a le droit de défendre que les actions nuisibles à la société. Tout ce qui n'est pas défendu par la loi ne peut être empêché, et nul ne peut être contraint à faire ce qu'elle n'ordonne pas.

Art. 6. — La loi est l'expression de la volonté générale. Tous les citoyens ont le droit de concourir personnellement, ou par leurs représentants, à sa formation. Elle doit être la même pour tous, soit qu'elle protège, soit qu'elle punisse. Tous les citoyens, étant égaux à ses yeux, sont également admissibles à toutes dignités, places et emplois publics, selon leur capacité et sans autre distinction que celle de leurs vertus et de leurs talents.

Art. 7. — Nul homme ne peut être accusé, arrêté ni détenu que dans les cas déterminés par la loi, et selon les formes prescrites. Ceux qui sollicitent, expédient, exécutent ou font exécuter des ordres arbitraires, doivent être punis; mais tout citoyen appelé ou saisi en vertu de la loi doit obéir à l'instant : il se rend coupable par sa résistance.

Art. 8. — La loi ne doit établir que des peines strictement et évidemment nécessaires; et nul ne peut être puni qu'en vertu d'une loi établie et promulguée antérieurement au délit, et légalement appliquée.

Art. 9. — Tout homme étant présumé innocent jusqu'à ce qu'il ait été déclaré coupable, s'il est indispensable de l'arrêter, toute rigueur qui ne serait pas nécessaire pour s'assurer de sa personne doit être sévèrement réprimée par la loi.

Art. 10. — Nul ne doit être inquiété pour ses opinions, même religieuses, pourvu que leur manifestation ne trouble pas l'ordre public établi par la loi.

Art. 11. — La libre communication des pensées et des opinions est un des droits les plus précieux de l'homme : tout citoyen peut donc parler, écrire, imprimer librement, sauf à répondre de l'abus de cette liberté dans les cas déterminés par la loi.

ART. 12. — La garantie des droits de l'homme et du citoyen nécessite une force publique; cette force est donc instituée pour l'avantage de tous, et non pour l'utilité particulière de ceux auxquels elle est confiée.

ART. 13. — Pour l'entretien de la force publique et pour les dépenses d'administration, une contribution commune est indispensable : elle doit être également répartie entre tous les citoyens, en raison de leurs facultés.

ART. 14. — Tous les citoyens ont le droit de constater, par eux-mêmes ou par leurs représentants, la nécessité de la contribution publique, de la consentir librement, d'en suivre l'emploi, et d'en déterminer la quotité, l'assiette, le recouvrement et la durée.

ART. 15. — La société a le droit de demander compte à tout agent public de son administration.

ART. 16. — Toute société dans laquelle la garantie des droits n'est pas assurée, ni la séparation des pouvoirs déterminée, n'a pas de constitution.

ART. 17. — La propriété étant un droit inviolable et sacré, nul ne peut en être privé, si ce n'est lorsque la nécessité publique, légalement constatée, l'exige évidemment, et sous la condition d'une juste et préalable indemnité.

DEUXIÈME ANNÉE D'ÉTUDES

INSTRUCTION CIVIQUE

DROIT PUBLIC

PRECIS
D'INSTRUCTION CIVIQUE
DE DROIT USUEL ET D'ÉCONOMIE POLITIQUE

PREMIÈRE PARTIE
INSTRUCTION CIVIQUE

PREMIÈRE LEÇON
L'ÉGALITÉ

But de l'Instruction civique. — On ne connaît pas bien son pays, si l'on ignore quelle en est l'organisation sociale et politique, c'est-à-dire quels sont les droits et les devoirs des citoyens entre eux et envers l'État, les lois auxquelles ils obéissent et la constitution du gouvernement qui est chargé de faire respecter ces lois. C'est ce que l'Instruction civique a pour but d'enseigner.

Organisation politique et sociale ou Droit public. — Entre les différents citoyens s'établissent naturellement des relations qui doivent être réglées par des lois. Les uns sont forts, les autres faibles; les uns riches, les autres pauvres; les uns justes et honnêtes, les autres malfaisants et amis du désordre. Il faut protéger les uns contre les autres, et pour cela il faut que quelqu'un veille à ce que la tranquillité soit maintenue, les lois observées, les intérêts communs garantis. C'est l'ensemble de ces lois qu'on nomme l'organisation politique et sociale, ou droit public.

Ces lois doivent être fixes quant à leurs dispositions essentielles, et avoir été librement consenties par le peuple auquel elles s'appliquent. La France n'a un droit public que depuis 1789, après la proclamation solennelle de la Déclaration des Droits de l'homme et du citoyen[1].

Les Droits de l'homme et du citoyen peuvent être ramenés à deux grands principes :

1° L'Égalité civile;

2° La Liberté sous toutes ses formes.

Égalité civile. — L'égalité civile réside en ceci que la loi est la même pour tous les citoyens d'une même nation, sans distinction de classes. Sous l'ancien régime, avant 1789, il en était autrement :

La plus grande *inégalité* régnait entre les citoyens : les *privilèges*, c'est-à-dire les avantages réservés, par droit de naissance ou de position, à toute une classe de personnes à l'exclusion des autres, étaient de règle commune. La nation était divisée en trois ordres : les *nobles*, au nombre de 140000 environ, qui assistaient le roi dans ses conseils, commandaient les troupes à la guerre, gouvernaient les villes, remplissaient les fonctions de juges suprêmes; les membres du *clergé*, en nombre à peu près égal, qui jouissaient de revenus considérables, accumulés depuis longtemps; et les gens du *Tiers-État*, comme on disait, c'est-à-dire tous les autres, au nombre de vingt-cinq millions, qui payaient les impôts et occupaient une place inférieure dans l'État.

Il importe de ne pas confondre l'*égalité civile* avec l'*égalité des conditions*. Devant la loi civile, la justice, les impôts, les emplois et les dignités, tous les citoyens sont égaux. Quant à l'égalité des conditions, qui, selon certains utopistes, consisterait à décréter que chacun aurait la même somme de jouissance et de bien-être dans l'existence quotidienne, il n'y faut pas songer. Quoi qu'on fasse, il y aura toujours des hommes plus travailleurs, plus économes, plus intelligents, mieux portants les uns que les autres.

1. Voir cette Déclaration, page XI.

DEUXIÈME LEÇON

LA LIBERTÉ

La Liberté. — D'une manière générale on peut définir ainsi la Liberté : La faculté qui appartient à un homme de faire tout ce qui ne nuit pas à autrui.

Liberté individuelle. — D'après cette définition, la liberté individuelle d'un citoyen a pour borne le droit des autres citoyens à jouir des mêmes avantages que ce citoyen. (Art. IV.)

Chacun peut aller et venir, travailler et se reposer, agir et parler comme il l'entend. Dès lors il n'y a plus d'esclaves, plus de *serfs*, plus de victimes de la volonté arbitraire des rois ou des grands, plus de servitudes personnelles, plus d'arrestations illégales ni d'emprisonnements injustifiés :

« Nul homme ne peut être arrêté, accusé et détenu que dans les cas déterminés par la loi et selon les formes qu'elle a prescrites. » (Art. VII.)

Le domicile d'un citoyen est inviolable. Pendant le jour, on n'y peut pénétrer que pour un objet spécial, déterminé par une loi, ou par un ordre émanant d'une autorité publique; pendant la nuit, qu'en cas d'incendie, d'inondation ou de réclamation faite de l'intérieur de ce domicile.

Liberté de conscience. — « La loi n'a le droit de défendre que les actions nuisibles à la société. Tout ce qui n'est pas défendu par la loi ne peut être empêché, et nul ne peut être contraint à faire ce qu'elle n'ordonne pas. » (Art. V.)

La *dignité de la personne humaine* est ainsi proclamée, et c'est de ce principe qu'on va partir pour établir tout le nouvel ordre.

D'abord, puisque l'homme est libre, sous la réserve qu'on sait, il restera libre sous quelque forme qu'il emploie son activité : il le sera dans ses pensées et dans ses croyances : « Nul ne doit être inquiété pour ses opinions, pourvu que leur manifestation ne trouble pas l'ordre public établi par la loi. » (Art. X.)

Il ne faut pas confondre la liberté de conscience qui permet de croire ou de ne pas croire aux dogmes de telle ou telle religion, avec la *liberté des cultes* qui est le droit, pour toute personne, d'affirmer, par des manifestations extérieures, ses croyances en telle ou telle religion. Si la liberté de conscience est absolue la liberté des cultes a pour limite le maintien de l'ordre public

Liberté du travail, du commerce et de l'industrie. — Sous l'ancien régime les artisans et les ouvriers étaient groupés en corporations[1]. Dans chaque corporation on débutait par l'*apprentissage*, l'apprenti devenait *compagnon* et le compagnon n'était proclamé *maître* qu'après avoir accompli un *chef-d'œuvre* et payé certains droits d'admission à la *maîtrise*. L'initiative individiduelle était brisée par une foule de règlements plus ou moins raisonnables, plus ou moins arbitraires.

La Révolution française a brisé toutes ces entraves. Aujourd'hui encore cependant certains monopoles de l'État : allumettes, tabacs, poudres, etc..., la réglementation des brevets d'invention apporte quelques restrictions à la liberté du travail.

Liberté de réunion et d'association. — Il y a lieu de distinguer entre ces deux mots : La réunion est le rapprochement *momentané* de plusieurs personnes dans un même endroit pour y discuter sur un sujet déterminé. Exemple : une réunion électorale.

L'association est le concours *permanent* de plusieurs personnes pour atteindre un but fixé à l'avance.

Exemple : l'association polytechnique qui a pour but de développer l'instruction des adultes.

La liberté du droit de réunion a été établie par la loi du 30 juin 1881. Avant cette loi, il fallait une autorisation administrative pour pouvoir se réunir.

Le droit d'association résulte de la loi du 1er juillet 1901. Avant cette date il n'y avait que les syndicats professionnels[2] qui, d'après la loi du 21 mars 1884, pouvaient se constituer librement, sans autorisation.

Il y a trois sortes d'associations :

1° Celles qui sont formées *librement* sans déclaration ni autorisation. Elles n'ont pas de personnalité juridique;

2° Celles qui sont *déclarées* à la préfecture ou à la sous préfecture du lieu de leur siège social.

1. Voir page 148.
2. Voir page 146.

Elles ont une personnalité juridique *restreinte* : elles peuvent ester en justice, acquérir à titre onéreux, posséder et administrer, en dehors des subventions de l'État, des départements et des communes, les cotisations de leurs membres, le local destiné à l'administration de l'association et à la réunion de ses membres, les immeubles nécessaires à l'accomplissement du but que se propose l'association,

3° Celles dites *autorisées*, qui, étant reconnues d'utilité publique, ont une personnalité *complète* et peuvent recevoir des dons et des legs.

Liberté de la presse. — Avant 1789, quiconque voulait imprimer un livre devait obtenir un privilège du roi ; de plus, ce livre était soumis à l'examen de la censure et il ne paraissait enfin qu'après une autorisation spéciale. Bien qu'en son article 11 la Déclaration des droits ait dit : « La libre communication des pensées et des opinions est un des droits les plus précieux de l'homme : tout citoyen peut donc parler, écrire, imprimer librement, sauf à répondre de l'abus de cette liberté dans les cas déterminés par la loi », en fait, le régime de la véritable liberté de la presse ne date que de la loi du 29 juillet 1881.

La presse *non périodique* est libre complètement, mais l'imprimeur est tenu de déposer deux exemplaires, à Paris, au ministère de l'Intérieur; dans les départements, à la préfecture, à la sous-préfecture ou à la mairie.

La presse *périodique* est libre aussi ; mais, pour pouvoir punir les infractions commises, on exige :

1° Un gérant responsable ;

2° Une déclaration au parquet de la part du gérant indiquant : le titre du journal, son mode de publication et le nom du gérant ;

3° Le dépôt de deux exemplaires de chaque feuille ou livraison, au moment de la publication, au parquet du procureur de la République et au ministère de l'Intérieur pour Paris ; à la préfecture, à la sous-préfecture ou à la mairie, pour les départements ;

4° Le nom du gérant imprimé au bas de tous les exemplaires.

TROISIÈME LEÇON

LA SOUVERAINETÉ NATIONALE ET LE SUFFRAGE UNIVERSEL

Les droits politiques. — La déclaration consacre ensuite les droits politiques du citoyen français, qui sont : le droit de participer à l'établissement de la Loi, du gouvernement et de la force armée chargés de la faire respecter, le droit de travailler à la fixation et au contrôle de l'impôt.

La souveraineté nationale. — La Nation, composée de citoyens pourvus de leurs droits civils et politiques, peut être comparée à une société capable de gérer elle-même ses intérêts. Elle établit librement son gouvernement et reste la source de toute autorité. C'est ce qu'on appelle la souveraineté nationale.

Sous l'ancien régime, d'où les princes et les rois tiraient-ils leur autorité ? De ce qu'on appelle la *tradition*, c'est-à-dire du souvenir qu'on avait de l'ancienneté de cette autorité, et du respect qu'on est habitué à garder pour les choses anciennes. Et, si l'on remonte à l'origine, comment leurs ancêtres avaient-ils été mis en possession du pouvoir ? Parce qu'ils étaient les plus forts, ajoutons même, les plus braves et les plus capables de conduire les autres. Mais aujourd'hui ces raisons ne sont plus valables pour leurs descendants, que personne n'a choisis ni déclarés dignes de commander.

D'ailleurs, tous les hommes étant égaux, il est impossible que la noblesse ou l'habitude du pouvoir crée au profit des uns un privilège dont les autres seraient victimes.

Les différentes formes de gouvernement. — La nation française étant déclarée souveraine, il faut qu'elle se donne un gouvernement conforme à ce principe. Le gouvernement tyrannique ou autocratique est d'abord exclu, puisque tous les citoyens s'y trouvent soumis à une autorité qui ne dépend pas d'eux. La monarchie parlementaire, qui appelle le peuple à prendre part, dans une certaine mesure, aux affaires de l'État, est moins contraire aux principes de la Révolution ; mais la République seule assure au peuple le libre exercice de sa volonté.

La Constitution de 1875. — La République peut être organisée de diverses manières.

La Constitution de 1875, qui nous régit maintenant, établit : 1° un Président de la République élu par les membres du Parlement, ou représentants du pays; 2° un Parlement composé de deux assemblées, le Sénat et la Chambre des députés; 3° la révision possible de la Constitution, par une Assemblée nationale composée de tous les membres du Parlement.

Jusqu'à la fin du siècle dernier, la royauté avait été le régime politique de la France; en 1814, elle reparut, avec Louis XVIII et Charles X, et, après une nouvelle modification en 1830, persista jusqu'en 1848, par l'avènement au trône de Louis-Philippe, chef de la branche d'Orléans, qui donna au gouvernement une forme plus moderne et plus conforme aux principes de la Révolution. Un autre essai de monarchie fut tenté, sous le nom d'Empire, par les Bonaparte, qui profitèrent, l'un, Napoléon Ier, de ses victoires pour recueillir l'héritage de la Révolution et prendre la couronne (1804), l'autre, Napoléon III, de la gloire qui s'attachait au nom du premier empereur, son oncle, pour s'emparer définitivement du pouvoir dont la République lui avait confié la garde (1852).

Toutes ces formes de la monarchie ont disparu, et, pour la troisième fois, la France est en République.

QUATRIÈME LEÇON

LES POUVOIRS PUBLICS

Les pouvoirs publics. — On appelle pouvoirs publics les différents groupes d'agents auxquels la nation, seule souveraine, délègue son autorité, et qui sont les organes de sa volonté. On en compte trois : le pouvoir législatif, chargé d'établir la loi; le pouvoir exécutif, chargé de l'appliquer; le pouvoir judiciaire, chargé de punir ceux qui cherchent à s'y soustraire.

Un exemple fera comprendre le rôle respectif de ces trois pouvoirs.

Ainsi on comptait encore en France, il y a quelques années, beaucoup de personnes ne sachant ni lire ni écrire : ce qui est d'autant plus grave que, dans notre pays, tout le monde est appelé, par le vote, à donner son avis sur les affaires de l'État;

on a pensé qu'il y a danger à abandonner des intérêts de cette importance à des ignorants, et l'on a résolu d'établir pour tous l'obligation de l'instruction. Pour cela, il a fallu faire une loi ; cela a été l'affaire du *pouvoir législatif*; la loi faite, il a fallu l'appliquer : soin réservé au *pouvoir exécutif*; enfin il faut punir ceux qui refuseraient d'obéir : mission du *pouvoir judiciaire*.

Le pouvoir législatif est exercé par le *Parlement*, c'est-à-dire par l'ensemble des délégués (députés et sénateurs) chargés par la nation de lui donner des lois; le pouvoir exécutif, qui prend plus particulièrement le nom de *gouvernement*, appartient au Président de la République et aux ministres, chargés par le Parlement de veiller à ce que ces lois soient exécutées; le pouvoir judiciaire, réservé à la *magistrature*, a pour agents les procureurs et les juges, chargés par le gouvernement de poursuivre et de réprimer les actes contraires à la loi.

L'État peut ici être comparé à un corps vivant, dont la tête est le Parlement ou pouvoir législatif; le gouvernement ou pouvoir exécutif est le bras droit, qui exécute ce que la tête a pensé; enfin le pouvoir judiciaire est le bras gauche, qui sert à écarter les obstacles et à parer les attaques qui menacent le corps.

Ces trois pouvoirs représentent tous la nation, mais non au même titre ou au même degré. Un seul la représente directement : c'est le pouvoir législatif, qui délègue à son tour aux autres l'autorité qui lui a été confiée. C'est le Parlement qui nomme le Président de la République; c'est lui qui accorde ou retire aux ministres la force dont ils ont besoin pour gouverner; c'est lui enfin qui domine dans l'État, et l'on a raison de donner à l'ordre de choses établi aujourd'hui le nom de *régime parlementaire*.

D'autre part, le Parlement est assez occupé à faire les lois; il ne peut les appliquer : il faut à côté de lui un gouvernement distinct, qui assure l'ordre et la prospérité du pays, qui fasse rentrer les impôts votés, et qui serve au besoin de conseiller au Parlement, en lui prêtant le concours de son expérience des affaires. Ainsi le pouvoir législatif et le pouvoir exécutif se complètent et se supposent l'un l'autre : l'un décide et l'autre agit.

Il n'en est pas tout à fait ainsi du pouvoir judiciaire, qui est jusqu'à un certain point une dépendance du pouvoir exécutif; la punition de ceux qui violent la loi rentre dans les attributions du gouvernement, qui a pour mission de faire respecter cette loi.

En sorte qu'on peut réduire à deux les *pouvoirs* proprement dits de l'État, c'est-à-dire les organes par lesquels la nation exprime sa volonté et l'exécute : le Parlement et le gouvernement, la tête et le bras, animés tous deux par un même sang et par une même vie.

CINQUIÈME LEÇON

LE POUVOIR LÉGISLATIF

Le Sénat. — Le pouvoir législatif est exercé par deux assemblées, dont la première, ou Chambre haute, est le Sénat, composé de 300 membres, comprenant :

1° Les sénateurs inamovibles, restés au nombre de 75 jusqu'à la revision de 1884, et qui doivent peu à peu disparaître, par extinction, et être remplacés par des sénateurs élus ;

2° Les sénateurs élus au scrutin de liste, dans chaque département, par une assemblée électorale composée des conseillers généraux et d'arrondissement, et de délégués de chaque Conseil municipal du département.

Le Sénat a les mêmes attributions que la Chambre des députés : faire les lois et diriger la politique du gouvernement. Cependant le Sénat a deux attributions qui lui sont propres :

1° Il donne son avis au président de la République sur la *dissolution* de la Chambre des députés ;

2° Il peut être érigé en *haute cour de justice* pour juger : soit le Président de la République, dans le cas où il est responsable, soit les ministres, pour crimes commis dans l'exercice de leurs fonctions, soit toute personne prévenue de crime commis contre la sûreté de l'État.

Les sénateurs sont élus pour neuf ans.

Le Sénat est renouvelé par tiers, tous les trois ans.

Pour être élu sénateur il faut être Français, avoir 40 ans au moins et justifier avoir satisfait à la loi sur le recrutement militaire.

Le vote a toujours lieu un dimanche et il peut être procédé, le même jour, à trois scrutins successifs. Pour passer aux deux premiers tours de scrutin, il faut avoir la majorité absolue, c'est-à-dire la moitié plus un des suffrages exprimés et un nombre de voix égal au quart des électeurs inscrits ; au troisième tour la majorité relative est suffisante.

La Chambre des Députés. — Le second organe du pouvoir législatif est la Chambre des députés, élue au suffrage universel par tous les citoyens majeurs. Le mode d'élection est en ce moment le scrutin d'arrondissement[1]. La Chambre des députés a les mêmes attributions que le Sénat, sauf en ce qui concerne le budget, qu'elle est la première à examiner et à voter.

La Chambre des députés peut encore mettre en accusation, devant le Sénat, le Président de la République et les Ministres.

Les députés sont élus pour quatre ans.

La Chambre est intégralement renouvelée tous les quatre ans.

Pour être élu député, il faut être Français, être âgé de 25 ans au moins et justifier avoir satisfait à la loi sur le recrutement. Le vote a lieu un dimanche, au chef-lieu de chaque commune de heures du matin à 6 heures du soir.

Pour être élu au premier tour du scrutin, il faut avoir la majorité absolue et un nombre de voix égal au quart des électeurs inscrits.

Si aucun des candidats n'a obtenu la majorité exigée par la loi, il est procédé à un second tour de scrutin, dit scrutin de ballottage, qui a lieu le deuxième dimanche après la proclamation du premier résultat. La Chambre peut être dissoute par le Président de la République, sur un avis conforme du Sénat.

Il suffit pour être *électeur*, c'est-à-dire pour prendre part au choix des députés, d'avoir 21 ans, de résider depuis six mois au moins dans la commune où l'on vote, et de n'avoir pas été rayé de la liste électorale pour condamnation en justice. Toutes ces prescriptions sont raisonnables : c'est à 21 ans seulement que l'homme est majeur, c'est-à-dire appelé à jouir de ses droits civils; il obtient en même temps les droits politiques; — les six mois de résidence permettent de constater l'*identité* d'un individu (c'est-à-dire de savoir s'il est bien celui qu'il prétend être), et empêchent d'aller voter le même jour dans plusieurs endroits; — enfin, il est bon que celui qui ne respecte pas la loi ne concoure pas, même de loin, à l'établir.

Les militaires de tous grades, des armées de terre et de mer, ne prennent part à aucun vote pendant toute la durée de leur présence sous les drapeaux. On a voulu ainsi soustraire l'armée aux discussions politiques, et l'on a considéré d'ailleurs que le

1. On l'appelle encore scrutin *uninominal*, par opposition au scrutin de *liste* qu'il est question de rétablir, mais en tenant compte de la représentation proportionnelle des minorités.

vote d'un soldat discipliné courrait le risque de n'être pas suffisamment libre.

Depuis 1875, le nombre des électeurs politiques en France n'a guère varié : il est de dix millions environ.

SIXIÈME LEÇON

LA CHAMBRE ET LE SÉNAT RÈGLES ET ATTRIBUTIONS COMMUNES

La Loi. — Le Sénat et la Chambre ont pour mission spéciale d'établir des lois. Tous les citoyens devant s'incliner devant la Loi, expression de la volonté nationale, on ne saurait prendre trop de garanties pour que la Loi soit conforme à la justice et à la raison. De là une série de formalités que nous allons examiner :

1° D'abord, il faut qu'elle soit l'objet d'une *proposition* faite l'une ou à l'autre des deux Chambres. Au gouvernement appartient essentiellement le droit de présenter les projets qui lui paraissent justes et utiles; c'est ce qu'on appelle l'*initiative gouvernementale*. En France, chaque sénateur ou député peut aussi proposer telle loi ou telle résolution qu'il veut; c'est l'*initiative parlementaire*. Les propositions du Ministère s'appellent des *Projets de loi* et ont souvent été préparées par les soins du *Conseil d'État*, sorte de corps consultatif adjoint au gouvernement. Ces projets doivent toujours être examinés par les Chambres, tandis que les propositions faites par les simples membres du Parlement peuvent être écartées, si on ne les prend pas *en considération*;

2° Une fois le projet ou la proposition admis à l'examen, la Chambre, devant laquelle on a présenté l'un ou l'autre, nomme une *commission* pour en étudier la portée et la valeur. Cette commission (qui se compose en général de onze membres à la Chambre des députés et de neuf au Sénat), décide de maintenir, ou de corriger, ou de supprimer le texte de la loi qui lui a été soumis. Elle nomme un *rapporteur*, qui est chargé d'aller exposer, devant tous les membres de la Chambre, les résultats de cette espèce d'*élaboration*;

3° Alors s'ouvre le débat public. Dans la salle des séances, où sont admis les journalistes, les membres du corps diplomatique ou représentants des pays étrangers, et les spectateurs libres, la *discussion* et la *délibération* commencent. Tous les députés ou sénateurs qui ont un avis à donner l'expriment; on vote sur la proposition et on la repousse ou on l'accepte. Si elle est repoussée, il faut attendre trois mois au moins avant de la reprendre et de la soumettre à un autre examen. Si elle est acceptée, tout n'est pas fini : elle devra être votée *en seconde lecture*, et cela après un délai de vingt jours au moins, c'est-à-dire être l'objet d'une nouvelle délibération, où l'on peut encore l'écarter.

Après quoi, elle n'est encore adoptée que par une Chambre; il faut alors communiquer le projet à l'autre Chambre, qui lui fait subir le même travail. Souvent elle y apporte de graves modifications et le projet revient à la première Chambre, qui accepte ou non ces corrections.

La loi n'est définitivement votée que lorsque les deux Chambres se sont entendues sur un texte unique, dont on a pesé tous les termes.

Ces examens successifs, ces reprises et ces corrections se produisent tous les ans pour la fixation du *budget des recettes et des dépenses*, qui est proposé par le gouvernement, et que le Parlement vote comme une loi ordinaire, à cela près que cette loi n'est valable que pour la durée de l'année à suivre.

Toutes les formalités parlementaires étant terminées, le Président de la République, comme chef de l'État, *promulgue* la loi, c'est-à-dire lui donne la consécration du pouvoir exécutif et la fait publier ou l'insère au *Journal officiel* et au *Bulletin des Lois*, et alors tout le monde, étant censé connaître la loi, est obligé de s'y conformer.

Pouvoir constituant. — Réunis, la Chambre et le Sénat forment l'*Assemblée nationale constituante* qui a pour pouvoir :

1° Ou de reviser les seules lois constitutionnelles;

2° Ou d'élire le Président de la République.

Pouvoir de contrôle. — Les sénateurs et les députés ont un pouvoir de contrôle sur les actes des ministres au moyen de question ou d'interpellation. La *question* est une simple demande de renseignement à la tribune. Le ministre questionné répond et il n'y a pas de vote.

L'*interpellation* provoque au contraire un débat dans lequel tous les membres de l'Assemblée peuvent prendre part. Il y a discussion et vote d'un ordre du jour qui peut, ou bien consolider le ministre interpellé, ou bien le mettre en *minorité* et parfois renverser le ministère tout entier.

SEPTIÈME LEÇON

LE POUVOIR EXÉCUTIF

Le Président de la République. — Le chef du pouvoir exécutif est le Président de la République. Il est élu pour sept ans par les deux Chambres réunies en Assemblée nationale. Les actes de la puissance publique doivent être revêtus de sa signature, mais il est irresponsable, sauf le cas de haute trahison.

Il a le droit d'initiative en matière législative;

Il promulgue les lois votées par les deux Chambres;

Il dispose de la force armée;

Il a le droit de faire grâce aux condamnés de tout ou partie de leur peine;

Il nomme aux hauts emplois civils et militaires (préfets, percepteurs, inspecteurs généraux, généraux, etc.).

Il préside aux relations diplomatiques de la France avec les puissances étrangères, reçoit leurs ambassadeurs, leur en envoie, négocie et ratifie les traités.

Il convoque ou ajourne les Chambres; il peut, dans l'intérê général, dissoudre la Chambre des députés avec l'assentiment du Sénat.

Il n'assiste pas aux séances des deux Chambres, mais il peut communiquer avec les sénateurs et les députés, à l'aide de *messages*.

Les ministres. — Le pouvoir exécutif est exercé par les ministres, qui sont les auxiliaires du Président de la République, et dont la réunion en conseil forme le Gouvernement. Ils sont choisis par le Président de la République. Chacun d'eux est chargé d'une partie de l'administration du pays, qui s'appelle un département ministériel.

Le nombre des départements ministériels est variable, selon les besoins de la nation. La détermination en est laissée au

Président de la République, qui s'entend sur ce point avec le président du Conseil des ministres.

Voici les titres des ministères :

Intérieur et Cultes;

Justice;

Affaires étrangères;

Finances;

Guerre;

Marine;

Instruction publique et Beaux-Arts;

Travaux publics, Postes, Télégraphes et Téléphones;

Commerce et Industrie;

Agriculture;

Colonies;

Travaux et Prévoyance sociale.

Parfois on adjoint au ministre un auxiliaire qui partage avec lui l'administration de son département; on l'appelle un *sous-secrétaire d'État*. Actuellement il y a un sous-secrétaire d'État au ministère de l'Intérieur, aux Finances, aux Beaux-Arts et aux Postes, Télégraphes et Téléphones.

Dans chaque région de cet immense domaine, les ministres possèdent les mêmes attributions : ils nomment aux emplois vacants, déplacent ou révoquent les fonctionnaires, leur adressent des ordres et des instructions auxquels tout le monde est tenu d'obéir, tant qu'ils restent conformes à la loi, contrôlent les actes de leurs subordonnés, enfin prennent toutes les décisions que comportent les intérêts de leur département ministériel.

Les ministres sont responsables de leurs actes :

Au point de *vue politique*, et si un vote de l'une des deux Chambres leur est défavorable, ils doivent démissionner, soit individuellement, si un seul ministre a été interpellé, soit collectivement si le cabinet s'est rendu solidaire des actes d'un ou de plusieurs ministres.

Au point de *vue pénal et civil*, si l'un d'eux a commis un crime politique ou un délit de droit commun dans l'exercice de ses fonctions. Dans ces cas, il peut être poursuivi devant le Sénat ou devant les tribunaux ordinaires.

HUITIÈME ET NEUVIÈME LEÇONS

ORGANISATION ADMINISTRATIVE

Les fonctionnaires. — On entend par administration l'expédition de toutes les affaires du pays, la gestion de tous les intérêts d'ensemble et de détail, confiée, pour une partie, à chaque ministre dans l'ordre de ses attributions. A chaque branche de l'administration correspond un personnel spécial d'agents ou fonctionnaires.

L'administration intérieure. — Au ministère de l'Intérieur appartient l'administration proprement dite de tout le territoire de la France, qui comprend quatre espèces de circonscriptions administratives : 1° le *département*, à la tête duquel est placé le préfet, assisté et contrôlé par le Conseil général; 2° l'*arrondissement*, placé sous les ordres du sous-préfet, assisté par le Conseil d'arrondissement; 3° le *canton*; 4° la *commune*, dont les intérêts sont gérés par le maire, assisté du Conseil municipal.

1° Le département. — L'ancienne France comprenait 32 provinces, dont la division, fondée sur des différences de langue, de mœurs, de race même, fortifiée par des limites naturelles, comme des montagnes et des forêts, empêchait l'unité du pays de se parfaire. La loi du 22 décembre 1789 décida qu'un nouveau partage du pays en *départements* serait fait. L'article premier de la Constitution de 1791 donna satisfaction à ce vœu. Les départements ne furent pas tracés au hasard, sur une carte : on étudia sérieusement les dispositions du sol et les accidents de terrain, pour rendre faciles les communications de l'un à l'autre, et l'on arriva ainsi à une division qu'on n'a pas eu besoin de retoucher sérieusement depuis bientôt cent ans qu'elle est en vigueur.

Les départements français, qui étaient au nombre de 98 lorsqu'ils furent définitivement établis (28 pluviôse an VIII), sont réduits, depuis la funeste guerre de 1870-1871, à 86, auxquels il faut joindre le territoire de Belfort.

Le département n'est pas seulement une division géographique ; c'est une *unité administrative*, une espèce de petit État, qui a son chef particulier, ses représentants, ses finances, ses opinions même, — tout cela sans cesser d'appartenir, pour ce qui est d'intérêt et de droit commun, à la grande patrie française.

En somme, c'est une collection de personnes et une portion de territoire, — la même chose, en petit, qu'est la France en grand. Aussi le département est-il une *personne civile* : ce qui veut dire que, représenté par ses délégués, il peut, dans une certaine mesure, disposer de ses propriétés, de ses revenus, de ses ressources, comme une personne ordinaire. Il a ses bâtiments, qu'il affecte à tel ou tel service, qu'il fait réparer, qu'il reconstruit; il a ses routes, qu'il entretient; il a ses impôts particuliers, qui varient selon la richesse et selon les besoins du pays. . . . .

Il a aussi son gouvernement et son parlement, représentés l'un par le préfet, l'autre par le Conseil général.

. . . .

Le préfet. — Le préfet est l'agent direct du ministre de l'Intérieur dans le département, et il y exerce tous les pouvoirs qui sont attribués au ministre lui-même. Il communique le texte des lois à ses subordonnés, et veille à ce que tout le monde s'y conforme. « Il est chargé de maintenir l'ordre public. Il a le droit de requérir la force armée pour repousser les attaques des malfaiteurs, dissiper les attroupements séditieux.... La police du département lui est confiée, et la police embrasse tout ce qui est relatif à la sécurité publique...., les règlements qui concernent la salubrité, l'autorisation des ateliers dangereux et incommodes, etc. » (*Maurice Bloch.*)

A propos de toutes les difficultés de cet ordre et d'une foule d'autres encore, il est chargé de prendre les mesures générales ou particulières qu'il juge convenables. Toutes les affaires qui dépendent du ministère de l'Intérieur sont réglées par lui, provisoirement ou définitivement, et de plus la plupart des affaires qui concernent les autres ministères passent par ses mains. Ainsi, il nomme les cantonniers des routes nationales, qui sont du ressort des Travaux publics; les débitants de tabac dont le bureau rapporte moins de mille francs, qui dépendent du ministère des Finances; les instituteurs, qui se rattachent à l'Instruction publique, etc. . . . .

Enfin il est comme le chef du pouvoir exécutif dans le département, et comme tel il représente le Président de la République dans les cérémonies publiques, dans les conseils de revision, partout où le gouvernement doit prendre place et faire figure.

Le Conseil général. — Dans l'administration des intérêts particuliers du département, le préfet collabore avec le Conseil général, assemblée élue par le suffrage universel, à raison d'un membre par canton, au regard de laquelle il est presque comme un ministre à l'égard du Parlement. Tout conseiller général doit avoir 25 ans, être électeur, domicilié dans le département et inscrit sur le rôle des contributions directes.

Le Conseil général se réunit ordinairement deux fois par an, après Pâques et au milieu du mois d'août. Cette seconde session est consacrée à l'étude du *budget du département*, c'est-à-dire de l'état des recettes et des dépenses nécessaires, car le département doit gérer ses intérêts comme le premier propriétaire ou commerçant venu, et tâcher de mettre tous les ans en équilibre son *doit* et *avoir*.

Le Conseil commence par répartir entre les arrondissements la somme d'impôts directs imposée au département d'après la loi adoptée par les Chambres.

Puis il vote des contributions spéciales au département, qu'on appelle des *centimes additionnels*, parce que, pour chaque franc d'impôt que le département paye à l'État, il peut s'imposer pour lui-même une nouvelle contribution de tant de centimes, destinée à ses besoins particuliers. Le produit de cet impôt supplémentaire, qui existe dans chaque département et qui reste proportionnel à l'impôt direct que lève l'État (et par conséquent aux ressources du pays), sert à payer les dépenses de l'instruction publique, des travaux publics, des routes, etc. Le département a plusieurs autres sources de revenus qu'il serait trop long d'examiner. Il a d'autres dépenses aussi, telles que celles de l'entretien de ses bâtiments, des casernes de gendarmerie, des écoles normales, etc.

La Commission départementale. — Directement, le Conseil général n'a guère à s'occuper que des finances du département; mais en réalité il exerce une espèce de contrôle sur l'administration du préfet. Pour faciliter cette tâche, on lui a donné, en 1871, le droit de choisir quelques-uns de ses membres pour former une *Commission départementale*, qui se réunit au moins une fois par mois à la préfecture, et qui participe dans une certaine mesure à la gestion des intérêts particuliers du département.

Voilà les deux principaux pouvoirs administratifs du département. Il convient d'ajouter que le préfet n'est pas seul à exercer l'autorité que le gouvernement lui a confiée. Il est assisté d'un *secrétaire général,* qui est son auxiliaire, et qui le représente auprès d'une espèce de conseil d'administration qu'on appelle *Conseil de préfecture*[1].

2° **L'arrondissement.** — La deuxième circonscription administrative, c'est-à-dire le petit cercle ou le petit État qui résulte d'une deuxième division du territoire opérée pour faciliter l'administration directe de toutes les affaires intérieures du pays, s'appelle l'*arrondissement.*

Le département est trop grand pour que le préfet et le Conseil général puissent s'occuper utilement de tous ses intérêts : on l'a subdivisé en plusieurs arrondissements, dont l'administration articulière est confiée à un agent du ministre de l'Intérieur, ssisté d'une assemblée élue au suffrage universel.

Le sous-préfet. — L'agent du ministre s'appelle le sous-préfet, il remplit dans l'arrondissement les mêmes fonctions que le préfet dans le département : il assure l'ordre, représente le pouvoir exécutif, renseigne le gouvernement, prend des décisions sur certaines affaires, etc., le tout sous le contrôle du préfet, qui est son chef et qui a le droit de lui indiquer la conduite à suivre.

Conseil d'arrondissement. — L'assemblée s'appelle le Conseil d'arrondissement. Elle se compose d'un délégué par canton, à condition que l'arrondissement en compte au moins neuf; elle est élue pour six ans, et remplit des fonctions analogues à celles du Conseil général, mais beaucoup moins étendues; elle répartit entre les communes de l'arrondissement la somme des contributions à payer que le Conseil général a répartie entre les différents arrondissements du département; elle examine les réclamations que cette répartition peut soulever, si une commune se prétend plus imposée qu'une autre, ou fait valoir la faiblesse de ses ressources pour obtenir un dégrèvement; il donne son avis

1. Voir plus loin, aux juridictions administratives, p. 31.

sur plusieurs questions, foires, marchés, chemins vicinaux, etc.

Enfin l'arrondissement est un centre politique, puisqu'il forme, en ce moment, la circonscription, ou, comme on dit, le *collège électoral* du député : ce n'est pas à proprement parler l'opinion du département qui est représentée à la Chambre, mais l'opinion des arrondissements qui le composent; ceux-ci ont ainsi une sorte de vie propre qui manque au canton, troisième cercle ou circonscription qui partage l'arrondissement comme l'arrondissement partage le département.

3° **Le canton.** — Le canton élit bien le conseiller général qui va exposer, au chef-lieu du département, les vœux et les besoins de ses électeurs, mais il ne renferme aucun représentant direct du gouvernement, si ce n'est pour les finances, la justice et les travaux publics (percepteurs, juge de paix et agent voyer), et ne correspond à aucune division spéciale de l'administration proprement dite.

DIXIÈME ET ONZIÈME LEÇONS

ORGANISATION ADMINISTRATIVE (*suite*)

4° **La commune.** — Tout autre est la commune, qui n'est, elle aussi, qu'une division administrative, mais qui, dans la grande patrie dont elle fait partie, garde une personnalité et une indépendance sans lesquelles la France serait une collection de petites provinces gouvernées par un pouvoir central, au lieu d'être un pays libre.

Le mot *commune* représente en même temps une certaine étendue de territoire et la population qui y vit. C'est vers le douzième siècle que les communes ont commencé à se former; elles étaient alors des associations de paysans et d'ouvriers, formées en vue de résister aux violences et aux rapines des seigneurs. Aidées d'abord par les rois, qui voyaient dans leur développement un moyen d'affaiblir la féodalité, elles se constituèrent peu à peu en centres à peu près indépendants, au moins dans la limite de leurs intérêts particuliers, et se donnèrent une administration spéciale, à la tête de laquelle furent placés des magistrats élus appelés maires, échevins, consuls, capitouls, etc.,

Plus tard elles tombèrent sous l'autorité des rois et perdirent leur indépendance.

L'organisation des communes fut fixée en décembre 1789, et après quelques remaniements, après la perte de l'Alsace et de la Lorraine en 1870, le nombre en est aujourd'hui de 33222; cinq d'entre elles ont plus de 200000 habitants, dix plus de 100000; vingt-trois plus de 50000, les autres une population inférieure; il en est même qui ne comptent pas 100 habitants.

La commune doit être considérée de deux points de vue différents : d'abord elle fait partie de l'État, et, comme telle, elle est sous la surveillance du pouvoir central; ensuite elle a sa vie particulière, ses intérêts propres, ses opinions personnelles sur un certain nombre de questions qui l'intéressent, son *individualité* en un mot, comme le premier citoyen venu, et, comme telle, elle a sa gestion spéciale et son petit gouvernement indépendant.

Il nous faut examiner les conséquences qu'entraînent ces deux caractères différents.

La commune fait partie de l'État, car la France est un *État centralisé*, qui obéit, dans toute son étendue, aux mêmes lois, et reçoit sur tous les points la même direction d'un même gouvernement. Les anciennes provinces ont disparu avec leurs privilèges, leurs coutumes spéciales, leurs particularités : la division du pays en départements a eu pour principal but de faciliter d'une part l'administration, et de l'autre l'entente des citoyens entre eux pour le choix de leurs représentants. C'est cette unité, cette uniformité même qui fait de la patrie française une véritable famille dont tous les fils sont égaux, et qui l'a rendue forte et puissante. Ce serait donc vouloir démembrer la France, la réduire à l'anarchie et la désarmer devant l'ennemi que de chercher à détruire l'unité nationale en accordant aux communes une indépendance complète qui les soustrairait à l'autorité du gouvernement central.

Le maire. — Il n'en est heureusement point ainsi, et l'administration gouvernementale conserve sa place dans la commune, où elle est représentée par le maire. Le maire, en effet, est le véritable délégué du pouvoir exécutif, et, à ce titre, il exerce, dans sa commune, la plupart des pouvoirs qui sont confiés au ministre de l'Intérieur, sous l'autorité supérieure duquel il est placé et qui, par l'intermédiaire du préfet ou du sous-préfet, surveille ses actes et lui transmet les instructions du gouvernement. Il est chargé de la police de la commune, il aide la justice dans la recherche des crimes et délits, il requiert au besoin la force publique, il communique à la population les mesures relatives à la levée des impôts, il prend les dispositions nécessaires pour les élections, fait dresser les listes électorales et celles de la conscription militaire, etc. Ces pouvoirs font du maire un agent administratif et un subordonné du préfet. Aussi ce dernier a-t-il le droit de le *suspendre* et de le remplacer provisoirement par un délégué.

Chaque commune a un maire, excepté Paris, qui est le siège du Gouvernement et des Chambres, et où les fonctions considérables que comprend la mairie sont divisées, d'une part, entre le préfet de la Seine et le préfet de police, d'autre part entre vingt maires non élus, mais nommés par le gouvernement, qui correspondent aux vingt arrondissements de la capitale.

Le maire est assisté d'un ou de plusieurs *adjoints* (un pour les communes de moins de 2500 habitants, deux jusqu'à 10 000 habitants et un de plus, si cela est nécessaire, par chaque vingtaine de mille en sus). Dans les petites communes, les adjoints remplacent ou aident le maire ; dans les grandes, celui-ci leur délègue, d'une manière permanente, une partie de ses pouvoirs.

Outre ses attributions en matière de police et d'administration le maire est encore officier de *l'état civil*, c'est-à-dire chargé de recevoir et de conserver sur un registre spécial les actes de naissance, de mariage et de décès[1]. C'est comme délégué de l'État que le maire remplit cette fonction : en enregistrant les naissances et les décès, il représente la Patrie qui compte ses enfants; en prononçant la formule du mariage, il représente la Loi, qui assure la durée de l'union et donne aux époux des devoirs et des droits qu'elle garantit.

Le Conseil municipal. — A côté du maire et de ses adjoints qui composent le gouvernement proprement dit de la commune, qu'on appelle quelquefois aussi la *municipalité*, se trouve une assemblée qui remplit à leur égard le même rôle que le Parlement remplit à l'égard du pouvoir exécutif : c'est le *Conseil municipal*, qui représente réellement le pouvoir législatif, dans la limite des affaires communales.

1. Voir page 51.

Le nombre des conseillers municipaux est naturellement en rapport avec l'importance de la population. Il varie de 10 à 36, selon que la commune a moins de 500 habitants ou plus de 60 000. A Paris on en compte 80, quatre par arrondissement.

Les conseillers municipaux sont élus pour 4 ans, au scrutin de liste[1].

Ainsi que nous l'avons dit, le Conseil municipal est comme une espèce de Chambre des députés ou de Sénat dans la commune, tandis que le maire et les adjoints tiennent dans ce petit État la place du Président de la République et des ministres.

D'abord c'est le Conseil qui élit lui-même le maire et les adjoints et qui leur donne l'autorité morale nécessaire pour remplir leurs fonctions. Quelques-unes de ces fonctions sont d'*ordre public*, comme on dit, c'est-à-dire intéressent le pays tout entier et non pas seulement la commune. Par exemple, le maire réprime les désordres, exerce la police, veille au respect de la loi. Le Conseil municipal, qui l'assiste en tout cela, prend ainsi sa part du gouvernement dans son petit domaine, comme les Chambres le font dans l'État.

En outre, c'est le Conseil municipal qui vote le *budget* spécial de la commune, c'est-à-dire l'ensemble des recettes et des dépenses que la commune doit faire chaque année et qu'il faut discuter et régler d'avance.

Tous les ans on recommence à délibérer sur ce sujet, car les besoins et les ressources varient toujours. Une année, c'est la mairie qui menace ruine et qu'il importe de réparer; c'est l'instituteur qui réclame l'achat de nouvelles tables ou de cartes de géographie pour ses élèves ; c'est un abattoir qui manquait et qu'on se décide à construire. Et puis ce sont les revenus de la commune qui ont baissé, et elle devra veiller à ne pas tomber dans le *déficit*, ou, au contraire, elle a reçu par un testament une donation qui lui permettra de faire de nouveaux travaux, etc.

La nature des recettes et leur importance varient naturellement de commune à commune. Certaines d'entre elles ont des propriétés comme un particulier, des bois, des prairies, qu'elles louent à des fermiers et dont le revenu figure au premier rang des recettes. Cela ne suffirait pas : il y a le produit des impôts, qui s'appelle, comme nous l'avons vu pour le département, les

1. Sauf à Paris, où les conseillers municipaux sont élus à raison de un par quartier. Il y a quatre quartiers par arrondissement, soit 80 conseillers municipaux pour la ville de Paris.

centimes additionnels. Pour chaque franc que les particuliers payent à l'État comme contribution directe (c'est-à-dire en raison de leurs propriétés foncières et mobilières, terres, maisons, etc.), on ajoute un petit supplément qui est réservé pour la commune, et qu'on calcule par centimes. Ainsi toute commune est obligée de voter un impôt supplémentaire (quatre centimes par chaque franc payé au Trésor), destiné à solder les dépenses de l'instruction publique, plus tant de centimes pour les travaux, — et ainsi de suite, selon les besoins annuels: le tout sous la surveillance du préfet, qui peut refuser aux communes l'autorisation de dépasser un certain chiffre de centimes.

Dans les villes importantes, une des principales ressources qui viennent s'ajouter à celle-là est celle de l'*octroi.* L'octroi est un bureau devant lequel on arrête toutes les voitures et même les piétons qui portent des fardeaux ou des paniers. On visite paniers et voitures et, selon ce qui s'y trouve contenu, on fait payer au porteur ou au conducteur un *droit d'entrée.* Un certain nombre de marchandises sont, en effet, soumises à des *taxes* spéciales, c'est-à-dire qu'on ne peut les introduire dans les villes sans payer une contribution supplémentaire : tels sont les viandes de boucherie, le gibier, les volailles, l'alcool, l'huile, les essences, le charbon, etc.

Enfin, si ces différentes sources de revenus ne suffisent pas, l'Etat vient quelquefois au secours des communes qui ont de grosses dépenses à faire pour une cause utile ou indispensable, la construction d'une école, par exemple : il leur accorde une *subvention* ou leur prête, à un intérêt très faible, la somme qui leur manque.

Les dépenses des communes sont en partie *fixes*, en partie *variables* : les premières comprennent les frais d'entretien de la mairie et des bâtiments communaux, le traitement des gardes champêtres et des agents de police, l'entretien des enfants assistés, etc. Les deux plus considérables, qu'il convient de mettre à part, et dont nous avons déjà parlé, sont celles qui concernent l'*instruction publique* et les *chemins vicinaux*. C'est la commune qui fournit la maison d'école et tout ce qui est nécessaire pour qu'on puisse y enseigner commodément. C'est elle seule qui a la charge d'établir et d'entretenir les chemins vicinaux *ordinaires* situés sur son territoire, quand ils ne servent qu'à faire communiquer entre eux les habitants de ladite commune. Pour les chemins qui la traversent, mais qui intéressent la grande communication du canton ou du département, elle paye encore sa part, mais elle est aidée alors par l'État ou par le département.

Dans certains cas, les délibérations que prend un Conseil municipal ne sont exécutoires qu'après approbation de l'autorité supérieure, soit du préfet, soit du Président de la République, soit de la loi.

Parfois il ne peut donner que des avis au maire, mais l'administration n'est pas tenue de suivre ces avis, ou il formule des réclamations, par exemple à propos de la répartition des impôts.

Enfin le Conseil municipal ne peut émettre que des vœux concernant l'intérêt de la localité, les vœux politiques lui sont interdits.

DOUZIÈME LEÇON

ORGANISATION JUDICIAIRE

Principes généraux de la Justice en France. — Il faut distinguer: 1° la justice civile, qui juge les difficultés d'intérêt; 2° la justice criminelle, qui juge les violations de la loi.

On rend la justice dans les tribunaux. C'est là que comparaissent ceux à qui on doit appliquer la loi, qui s'appellent parties ou plaideurs (en justice civile), et prévenus ou accusés (en justice criminelle), assistés d'un avocat ou d'un avoué.

Un tribunal ordinaire comprend;

1° Le ministère public, représentant la vérité et le droit, exercé par les procureurs de la République, et substituts, dont le chef hiérarchique est le procureur général.

2° Le tribunal proprement dit, composé d'un président et de plusieurs juges.

Les décisions sont prises à la majorité des membres présents; les magistrats doivent toujours délibérer en nombre impair.

Le tribunal doit se borner à appliquer la loi au cas particulier qu'il a à examiner. Il ne peut juger à son gré, et les peines qu'il prononce, dans les cas d'infraction, sont fixées d'avance entre certaines limites qu'il lui est défendu de dépasser. Ainsi, pour une simple *contravention*, c'est-à-dire pour un manquement aux règlements de police (refus d'arrosage, tapage nocturne, encombrement de la voie publique), il peut infliger de 1 à 15 francs d'amende et de 1 à 5 jours de prison; pour un *délit*, ou faute plus grave entraînant la violation d'une loi (petits vols et abus de confiance, coups et blessures, outrages et injures, etc.), de 5 jours à 5 ans de prison et des amendes; pour les *crimes*, la peine varie, selon les cas, entre la prison, les travaux forcés et la mort. Mais dans ce cas l'application seule du châtiment appartient aux juges. Le jugement de fond, sur la culpabilité ou l'innocence, appartient, comme nous le verrons, au jury[1].

Les décisions des tribunaux sont *anonymes*, c'est-à-dire que jamais les juges ne sont déclarés personnellement responsables de l'*arrêt* qu'ils ont porté. C'est l'intérêt de la justice, qui doit garder toujours une impartialité et une sécurité absolues.

Pour le même motif, la loi a consacré l'*inamovibilité* des juges, c'est-à-dire le droit de remplir les fonctions qui leur ont été confiées pendant toute leur vie, à moins d'infirmité ou d'indignité. Les autres magistrats, tels que les procureurs, sont, comme les juges, nommés par décret du Président de la République, sur la proposition du ministre de la Justice, mais ils sont *amovibles*, c'est-à-dire qu'ils peuvent être déplacés et même révoqués, s'ils ne paraissent plus capables de bien s'acquitter de leur office.

Les membres du ministère public forment la *magistrature debout*, en raison de ce déplacement possible et par opposition aux membres des cours et tribunaux, juges et conseillers, qui forment la *magistrature assise*.

Les juges, en tant qu'ils infligent des châtiments aux coupables, ne font que représenter la loi et la *conscience de la société*. Celle-ci puise le droit de punir non seulement dans le droit qu'elle a de se défendre contre ceux qui l'attaquent en violant ses règles fondamentales, mais dans le sentiment qu'elle a du devoir, de la loi morale, et de l'équité.

Gratuité de la justice. — La justice, en France, est considérée comme *gratuite*, malgré la multiplicité et l'importance des frais accessoires qu'elle entraîne. L'arrêt du juge ne coûte rien; mais les droits d'enregistrement et de greffe, le papier timbré, les honoraires des huissiers, des avoués et avocats, sans lesquels il est impossible de plaider, sont fort onéreux.

1. Voir p. 30.

L'avocat représentant chaque partie a le droit d'alléguer pour l'intérêt de son client tous les arguments qu'il juge à propos, et le *défenseur* de l'accusé ou prévenu doit toujours avoir le dernier mot dans les *débats*, c'est-à-dire dans les discussions contradictoires que soulève le procès lorsqu'on le juge. Cette *liberté de la défense*, ainsi que la *publicité des séances* pendant lesquelles ont lieu les débats qui précèdent le jugement, est considérée comme une sérieuse garantie pour les individus.

Les juges de paix. — Il y a un juge de paix au chef-lieu de chaque canton. Il a pour mission de concilier les parties afin d'arrêter les procès qui sont de la compétence du tribunal d'arrondissement et de juger les affaires de peu d'importance.

Il juge sans appel toute demande mobilière jusqu'à concurrence de 300 francs et en premier ressort jusqu'à concurrence de 600 francs.

Le juge de paix constitue le tribunal à lui tout *seul.*

Il est amovible.

Les tribunaux de première instance. — Ils siègent au chef-lieu d'arrondissement, d'où encore le qualificatif de *tribunaux d'arrondissement.* En première instance ils jugent toute affaire qu'un texte législatif n'a pas attribué à un autre tribunal.

Ils statuent sans appel jusqu'à 1500 francs en principal pour les actions mobilières et jusqu'à 60 francs de revenu pour les actions relatives aux immeubles.

Pour les jugements rendus par les juges de paix au-dessus de 300 francs, ils constituent un tribunal d'appel.

S'il n'y a qu'une Chambre, le tribunal de première instance juge à certains jours comme tribunal civil, à certains autres jours comme tribunal correctionnel. S'il y a plusieurs Chambres, l'une d'elles est spécialement affectée au jugement des affaires correctionnelles.

Les Cours d'appel. — Ce sont des juridictions chargées de prononcer sur des recours formés contre les tribunaux de première instance et des tribunaux de commerce.

La Cour d'appel examine l'affaire à nouveau et si elle estime que le jugement rendu en première instance est défectueux elle le réforme en prononçant un *arrêt* à la place du premier jugement.

Il y a en France 25 cours d'appel. Chacune d'elles est divisée en 3 ou 4 Chambres dont l'une s'appelle Chambre *des mises en accusation.*

TREIZIÈME LEÇON

TRIBUNAUX (*suite*)
LES AUXILIAIRES DE LA JUSTICE

Les tribunaux de commerce. — Ce sont des juridictions d'exception, créées par décret, dans des villes commerçantes, pour statuer sur les différends relatifs aux affaires commerciales. Dans les villes où il n'y a pas de tribunal de commerce, c'est le tribunal de première instance qui connaît de ces différends.

Les juges sont élus par des commerçants, leurs pairs; ils ne sont nommés que pour un ou deux ans et ne sont pas rétribués.

Les Conseils de prud'hommes. — Ce sont des juridictions spéciales chargées de trancher les difficultés qui surviennent entre patrons, employés et ouvriers.

Le tribunal comprend un nombre égal de patrons, d'employés et d'ouvriers, élus par leurs pairs.

Ces juges ne sont pas rétribués.

La Cour de cassation. — C'est la plus haute juridiction de notre organisation judiciaire, d'où son nom de *Cour suprême.* Cette cour unique siège à Paris. Elle compte 49 membres dont 1 premier président, 3 présidents de Chambre et 45 conseillers.

Elle est divisée en trois Chambres : la Chambre des requêtes, la Chambre civile et la Chambre criminelle.

Elle a pour mission d'examiner seulement si, étant donnés les faits qui ont donné lieu à procès, la loi a bien été appliquée. Elle juge donc en droit et non en fait.

Les auxiliaires de la justice : avocats, avoués, huissiers. — Les *avocats* ont la mission de défendre la cause des justiciables devant les tribunaux.

Les *avoués* représentent les parties en justice et font en leur nom tous les actes de procédure nécessaires.

Les *huissiers* notifient les actes de procédure aux parties et assurent l'exécution des jugements en pratiquant des saisies sur les biens du débiteur condamné.

Tandis que la fonction de l'avocat est libre, c'est-à-dire ouverte à quiconque le désire, pourvu qu'il soit licencié en droit, celle de l'avoué et de l'huissier est limitée. L'avoué et l'huissier sont des *officiers ministériels*, nommés par décret du Président de la République, sur la présentation du titulaire en fonction.

L'office de l'avoué et de l'huissier se transmet par voie de cession sur présentation du titulaire ou de ses ayants droit et avec l'agrément des pouvoirs publics.

Agréés près les tribunaux de commerce. — Ce sont de simples particuliers qui se chargent de représenter les parties devant les tribunaux de commerce.

Ils ne sont pas reconnus par la loi.

Arbitres privés. — Ce sont aussi de simples particuliers auxquels les parties confient le soin de trancher un litige avant d'en appeler aux tribunaux. L'acte sous seing privé par lequel les parties désignent un ou plusieurs arbitres s'appelle un *compromis*. Si la sentence rendue par les arbitres est déposée au greffe du tribunal elle devient exécutoire, comme tout autre jugement, par une ordonnance du président du tribunal.

Assistance Judiciaire. — Auprès de chaque tribunal ou Cour d'appel, il existe un bureau d'assistance judiciaire. Toute personne indigente qui réclame le concours gratuit des avocats, des avoués ou des huissiers, adresse une demande sur papier libre au procureur de la République du tribunal de son domicile, accompagnée d'un certificat du percepteur indiquant les impositions et d'une déclaration d'indigence affirmée devant le maire.

QUATORZIÈME LEÇON

LES JURIDICTIONS RÉPRESSIVES

On entend par juridictions répressives les tribunaux chargés de juger ceux qui ont fait infraction à la loi pénale.

Les juridictions d'instruction. — La procédure criminelle passe par trois phases successives :

1° *Connaissance de l'infraction.* — La justice peut être informée d'une infraction, soit par une dénonciation d'un tiers, soit par les officiers de police judiciaire : garde champêtre, commissaire de police, maire ou adjoint au maire, gendarme, juge de paix, juge d'instruction, procureur de la République.

2° *L'instruction.* — Le procureur de la République est obligé de donner avis de la plainte ou de la dénonciation au procureur général près la cour d'appel de son ressort, et à un juge spécial qu'on nomme *juge d'instruction.* Ce dernier peut citer l'*inculpé* devant lui par un *mandat de comparution* ou par un *mandat d'amener*; il peut, s'il le juge prudent, le faire mettre en prison préventive et, dans ce cas, il décerne contre l'inculpé un *mandat de dépôt* ou un *mandat d'arrêt.* Le juge interroge l'inculpé en présence de son avocat (loi du 8 décembre 1897); il reçoit les dépositions des témoins et, l'enquête étant terminée, il rend : ou une ordonnance de *non-lieu*, déclarant ainsi que, selon lui, l'inculpé n'est pas coupable; ou une ordonnance de *renvoi*, soit devant le tribunal de *simple police*, s'il s'agit d'une *contravention*, soit devant le *tribunal correctionnel*, s'il s'agit d'un *délit*, soit devant la Chambre des mises en accusation de la Cour d'appel du ressort, qui décide s'il y a lieu ou non de déférer l'inculpé à la *cour d'assises*, s'il y a *crime*.

Alors la Chambre des mises en accusation examine l'affaire une seconde fois et rend une ordonnance ou de non-lieu ou de renvoi devant l'un des susdits tribunaux. S'il y a renvoi devant la Cour d'assises, l'inculpé ou prévenu prend le titre d'*accusé*;

3° *Jugement.* — La décision prend le nom de *jugement* si elle est rendue, soit par un tribunal de simple police, soit par un tribunal correctionnel, d'*arrêt*, si elle est rendue par une Cour d'assises.

Tribunal de simple police. — Il est composé d'un juge unique qui est le juge de paix, assisté de son greffier. Le commissaire de police, ou le maire de la commune, à son défaut, représente le ministère public. Le tribunal de simple police juge les contraventions.

Tribunal correctionnel. — C'est tantôt le tribunal de première instance, tantôt une chambre spéciale chargée de statuer comme tribunal correctionnel.

Le tribunal correctionnel juge les délits.

Ses décisions peuvent être portées devant la Cour d'appel du ressort.

Comme juridiction d'appel, le tribunal correctionnel statue sur les jugements rendus par le tribunal de simple police.

Cour d'assises. — La Cour d'assises comprend deux éléments:

1° La Cour proprement dite, composée de trois magistrats, dont un président;

2° Le *jury*, composé de 12 citoyens désignés par le sort parmi les hommes âgés de 30 ans au moins et présentant des garanties suffisantes de moralité. On les appelle des *jurés*.

Chaque année, on dresse une liste comprenant trois mille jurés pour le département de la Seine, un par cinq cents habitants pour tous les autres départements, sans que le nombre des noms puisse être inférieur à quatre cents, ni supérieur à six cents). Tous les trois mois, au chef-lieu de chaque département, on tire au sort trente-six noms et c'est sur cette liste que sont pris les *douze* jurés chargés de juger les affaires du trimestre.

La Cour d'assises se réunit en effet à Paris tous les quinze jours, et partout ailleurs tous les trois mois. Elle est présidée par un magistrat, désigné à cet effet (généralement un conseiller de la Cour d'appel), assisté de deux autres magistrats pris sur les lieux.

Ces trois magistrats ne jugent point; ils ne font qu'appliquer la loi, quand le jury a prononcé que l'accusé est ou non coupable.

On commence par lire l'*acte d'accusation*, puis les *débats publics* commencent. On interroge l'accusé, on entend les *témoins* qui viennent raconter ce qu'ils savent de l'affaire. Le ministère public prend alors la parole pour porter l'accusation. L'avocat de l'accusé répond à ce *réquisitoire* par une *plaidoirie*, et le jury se retire pour délibérer. La réponse est toujours contenue en un mot: « Oui, l'accusé est coupable », ou « non, l'accusé n'est pas coupable. » Le jury admet ou non des *circonstances atténuantes*, c'est-à-dire des motifs qui, sans excuser le coupable, diminuent pourtant sa faute. Le *verdict*[1] est alors prononcé, et

1. Du latin *vere dictum*, véritablement dit.

le ministère public *requiert* ou une peine correspondante à la culpabilité qui vient d'être reconnue, ou la mise en liberté de l'accusé s'il est déclaré innocent. Les magistrats qui président la cour rendent alors un arrêt conforme au verdict, et qui n'est que l'application de la loi au cas donné, tel que le jury vient de le déterminer.

L'institution du jury est une puissante garantie pour la liberté et la sécurité individuelles : chaque citoyen est jugé par ses pairs, ses égaux, tirés au sort, et nul ne peut se plaindre de la partialité ni de la malveillance de ceux qui décident de son sort.

QUINZIÈME LEÇON

LES JURIDICTIONS ADMINISTRATIVES

Juridictions administratives. — Supposons qu'un propriétaire soit lésé dans ses droits ou dans ses intérêts par un arrêté préfectoral ou municipal. Auprès de quel tribunal pourra-t-il réclamer? Un contribuable se plaint avec juste raison qu'il a été injustement imposé pour un chien, par exemple, qu'il ne possède pas. Pourra-t-il se plaindre au juge de paix? non, car en raison du principe de la séparation de l'autorité administrative et de l'autorité judiciaire, aucun acte de commandement ou d'autorité fait par l'administration ne peut être soumis au contrôle des autorités judiciaires.

Les juridictions administratives, Conseil de préfecture, Conseil d'État et Cour des Comptes, sont donc chargées de statuer sur les réclamations formées par un simple particulier contre un acte d'autorité de l'administration.

Conseil de préfecture. — Le Conseil de préfecture existe au chef-lieu de chaque département.

Il joue un double rôle :

1° Placé auprès du préfet, il lui donne des avis.

2° Tribunal, il connaît en premier ressort d'un certain nombre d'affaires déterminées par la loi : contributions directes, grande voirie, travaux publics, vente des domaines nationaux.

Il comprend trois ou quatre membres; le préfet en est le président de droit; le secrétaire général de la préfecture, commissaire du gouvernement, joue, auprès du Conseil de préfecture, le rôle de ministère public.

Conseil d'État. — Juridiction unique, le Conseil d'État joue un double rôle :

1° Conseil de gouvernement et d'administration, il donne son avis sur les projets et les propositions de loi qui lui sont soumis, il prépare les règlements d'administration publique rendus par le Président de la République en exécution des lois.

2° Tribunal administratif, il a trois séries d'attributions :

a) Il statue en premier et dernier ressort comme tribunal de droit commun. Une de ses principales attributions, c'est de recevoir les secours formés par les particuliers contre un acte administratif pour *excès de pouvoir*,

b) Il statue comme juridiction d'appel sur les recours formés contre les jugements des autres tribunaux administratifs, notamment contre les arrêtés des Conseils de préfecture.

c) Il est assimilé à la Cour de Cassation, au seul point de vue administratif, et de ce chef peut annuler les arrêts de la Cour des Comptes pour violation ou fausse interprétation de la loi.

Le Conseil d'Etat comprend 5 sections : quatre administratives se rapportant aux divers ministères et une *contentieuse* dont le rôle est d'instruire les affaires sur lesquelles le Conseil d'Etat statue comme tribunal administratif.

Cour des Comptes. — La Cour a deux attributions importantes : 1° Elle examine les comptes des comptables des deniers publics ; elle les déclare quittes, s'ils sont exacts, en débet, s'ils sont en déficit, en avance, s'ils présentent un reliquat.

2° Elle aide les Chambres législatives à contrôler l'exécution du budget par les ministres.

Tribunal des conflits. — Il peut arriver que deux tribunaux se déclarent compétents pour connaître tous les deux d'une même affaire, on dit alors qu'il y a conflit *positif*. Au contraire, deux tribunaux peuvent tous les deux se déclarer incompétents, c'est un conflit *négatif*.

Si les deux tribunaux sont d'ordre judiciaire, le conflit est tranché par la juridiction immédiatement supérieure : tribunal d'arrondissement, Cour d'Appel ou Cour de Cassation ; si les deux tribunaux sont d'ordre administratif, c'est le Conseil d'Etat qui statue.

Mais lorsque le conflit s'élève entre deux tribunaux d'ordre différent, entre un tribunal judiciaire et un tribunal administratif, c'est au *Tribunal des conflits* qu'il faut avoir recours pour trancher ce conflit.

Ce tribunal est composé du ministre de la Justice, président, de trois conseillers à la Cour de Cassation, élus par leurs collègues, de deux membres titulaires et deux suppléants élus par les autres juges.

A ces tribunaux il faut ajouter les *conseils universitaires*, à savoir les *conseils départementaux*, les *conseils académiques*, le *conseil supérieur de l'Instruction publique*, qui s'occupent des manquements aux règlements universitaires et frappent les coupables de peines particulières, telles que la suspension ou l'interdiction complète de la fonction qu'ils occupent (instituteurs, professeurs, chefs d'institution).

Viennent ensuite les *tribunaux militaires*, dont le principal est le *conseil de guerre*, qui juge tous les crimes et délits commis par les militaires ou marins en activité de service.

SEIZIÈME LEÇON

LES IMPOTS

(*Notions très sommaires sur les impôts directs et les impôts indirects.*)

L'impôt. — C'est la quote-part que tout citoyen doit supporter dans les dépenses de l'État.

On appelle *assiette de l'impôt* la base, le fondement sur lequel repose le système de répartition et de perception des impôts sur tout un pays. L'idéal, c'est que le sacrifice imposé au contribuable soit proportionné à ses ressources et en rapport avec le profit que ce contribuable retire des dépenses publiques.

De là plusieurs systèmes : taxes multiples, impôt unique et général sur le revenu, impôt sur le capital, etc.

Impôts directs. — Les impôts directs sont ceux qui sont dus *nominativement* par chacun, d'après un *rôle* dressé par la direction des contributions directes.

Il y en a quatre : 1° Impôt personnel et mobilier;

2° Impôt foncier;

3° Impôt des portes et fenêtres;

4° Impôt des patentes.

Taxes assimilées. — Plusieurs taxes sont assimilées par la loi aux impôts directs parce qu'elles sont réclamées directement aux personnes, telles sont les taxes des chevaux et voitures, des billards publics et privés, des cercles de jeux, les taxes municipales sur les chiens..., etc.

Impôts indirects. — Ce sont ceux qui, en vertu de la loi, ne sont exigibles que pour la réalisation de certains actes ou de certaines consommations, tels sont les droits d'enregistrement, de greffe, d'hypothèques, de timbre, de douane, sur les boissons, sur les valeurs mobilières, etc.

Impôts de répartition. — L'impôt de répartition est fixé par la loi de finances, le total en est connu à l'avance, mais la *part* de chaque contribuable n'est établie qu'après une opération appelée *répartition*.

Cette opération comprend quatre degrés :

1° La loi de finances établit que le montant des impôts de répartition s'élèvera à une certaine somme pour toute la France et en répartit le total entre tous les départements;

2° Le Conseil général de chaque département répartit la somme mise à sa charge entre tous les arrondissements;

3° Le Conseil d'arrondissement fait la même opération entre toutes les communes de l'arrondissement;

4° Enfin une commission de *répartiteurs* fait la répartition entre tous les habitants de la commune. Tous les impôts directs, sauf les patentes et l'impôt foncier sur les propriétés bâties, sont des impôts de répartition.

Impôts de quotité. — L'impôt de quotité est fixé aussi par la loi pour chaque contribuable. Il est donc *déterminé* à l'avance, mais le produit total en est forcément *indéterminé*.

Les impôts indirects, les patentes et l'impôt foncier sur les propriétés bâties sont des impôts de quotité.

DIX-SEPTIÈME LEÇON

LE BUDGET DE L'ÉTAT LE VOTE ET LE RECOUVREMENT DE L'IMPOT

Le Budget de l'État. — Le budget de l'État est une double énumération contenant, d'une part, la liste de tous les impôts que doivent payer les contribuables (impôts directs et indirects) et qui forment l'*état des recettes*, d'autre part, l'indication détaillée de l'emploi que l'on compte faire des sommes ainsi obtenues pour les besoins des services publics, c'est l'*état des dépenses*.

Vote du Budget. — Tous les ans, le gouvernement présente un projet qui prévoit toutes les dépenses nécessaires de l'année (traitement de fonctionnaires, travaux à exécuter, etc.) et indique les moyens d'y faire face, en maintenant ou diminuant les anciennes contributions et, s'il le faut, en en établissant de nouvelles.

La Chambre des députés nomme alors, pour examiner ce projet, une commission de 33 membres, qui prend le nom de *commission du Budget*; elle en étudie tous les articles, un à un, propose ici des réductions, là des augmentations, ailleurs de simples changements. Elle nomme un *rapporteur* spécial pour rédiger son avis sur l'état des dépenses prévu par chaque ministère : un pour la guerre, un pour l'instruction publique, un pour l'intérieur, etc., puis un rapporteur général, qui doit communiquer à la Chambre l'avis de la commission sur l'ensemble du budget.

Quand la commission a terminé son travail, elle le présente à la Chambre, qui discute article par article toutes les propositions, vote d'abord sur le détail, ensuite sur l'ensemble, et, après entente avec les ministres, finit par adopter le budget.

Le gouvernement le reprend alors et le reporte au Sénat, qui, après une discussion et des votes analogues, l'adopte à son tour, quelquefois avec des modifications qui rendent nécessaire le renvoi du projet à la Chambre. Une fois votée, la loi du budget est valable pour l'année qui va s'ouvrir ; cette période s'appelle un *exercice*.

Exécution du Budget. — L'exécution du budget a un double but :

1° Opérer le *recouvrement* des recettes ;

2° Effectuer les dépenses inscrites au budget.

L'exercice d'un budget commence au 1er janvier et expire au 31 mars de l'année suivante, pour l'ordonnance des dépenses.

Le contrôle de l'exécution du budget est assuré par les Chambres, aidées par la Cour des Comptes. Le gouvernement présente aux Chambres une loi *portant règlement définitif du budget du dernier exercice clos*. C'est ce qu'on appelle *loi des comptes*.

Du recouvrement de l'impôt direct. — Pour les impôts directs ou contributions directes, l'administration a pour représentants, dans chaque département, un *directeur*, un ou plusieurs *inspecteurs*, des *contrôleurs* et des commis chargés de la répartition. Elle envoie, chaque année, à chaque contribuable un *avertissement* pour le prévenir de la somme qu'elle aura à lui demander. S'il la juge trop élevée, il peut réclamer, et s'adresser pour obtenir une réduction au conseil de préfecture. Sinon, il doit payer chaque mois au *percepteur* un douzième de ce qu'il doit. En cas de retard, il reçoit une *sommation*, d'abord *sans frais* (couleur verte), puis *avec frais* (couleur jaune) ; ensuite un *commandement* d'avoir à s'exécuter (couleur bleue) ; enfin l'administration saisit tout ou partie de ce qu'il possède et le fait vendre pour que le Trésor soit payé.

Le percepteur remet les fonds au *receveur particulier* des finances du chef-lieu d'arrondissement.

Le receveur particulier des finances remet les fonds qu'il a reçus des percepteurs au *trésorier payeur général* du département.

Le trésorier payeur général tient ces fonds à la disposition du Trésor avec lequel il est en compte courant. En outre, il paye ou fait payer par les percepteurs les traitements auxquels les divers fonctionnaires du département ont droit et fait verser aux particuliers l'intérêt des rentes dont ils ont avancé le capital à l'État.

Du recouvrement des contributions indirectes. — Les contributions indirectes comprennent plusieurs administrations : 1° celle des *contributions indirectes* proprement dites, qui perçoit les droits sur les boissons, les tabacs ; 2° celle des *douanes*, qui perçoit les droits sur les marchandises qui entrent en France ; 3° celle de l'*enregistrement, des domaines et du timbre.*

Le produit des contributions indirectes est plus difficile à recueillir que celui des contributions directes. Les agents des contributions indirectes sont chargés de percevoir eux-mêmes le produit des taxes, qui est centralisé ensuite, comme le produit des contributions directes, dans la caisse des *receveurs particuliers* et des *trésoriers payeurs généraux.*

Si un contribuable refuse de payer, le receveur peut délivrer contre lui d'abord une sommation sans frais, puis une *contrainte administrative* permettant d'opérer la saisie de ses biens.

Impôts locaux. — Les impôts que nous venons d'étudier sont les impôts d'État. Il en existe d'autres qui sont appelés *impôts locaux* et qui servent à pourvoir aux dépenses, soit des départements[1], soit des communes[2].

DIX-HUITIÈME LECON

LE SERVICE MILITAIRE

La déclaration de 1789 a posé ce principe : « La garantie des droits de l'homme et du citoyen nécessite une force publique. Cette force est donc instituée *pour le bonheur de tous....* »

La conséquence de ce principe est l'établissement d'une *armée permanente*, et la moindre réflexion suffit à montrer la sagesse de cette institution.

Un pays qui n'entretiendrait pas de troupes d'une manière régulière et suivie risquerait manifestement d'être surpris par une attaque imprévue et de tomber sous la loi du voisin qui aurait pris ses précautions et choisi son moment.

Puisque le service militaire est *nécessaire*, il doit être *obligatoire*, car il serait indigne et odieux que certains d'entre nous allassent risquer de se faire tuer pour les autres, parce qu'ils ont moins de fortune et ont par conséquent reçu moins d'instruction que ceux qui en possèdent davantage.

On a longtemps méconnu cette vérité, et, jusqu'à la funeste

1. Voir p. 17.
2. Voir p. 23.

guerre de 1870, on a accordé à tous ceux qui en avaient les moyens la possibilité de se faire remplacer à l'armée, moyennant une prime qui leur servait, comme on disait brutalement, à *s'acheter un homme.* Il n'en est plus ainsi depuis la loi du 7 août 1913, qui peut être résumée dans les deux articles suivants :

ART. I. Tout Français doit le service militaire personnel.

ART. II. L'obligation du service militaire est égale pour tous; elle a une durée de vingt-huit années.

Sont seul exemptés par le conseil de revision les jeunes gens que leurs infirmités rendent impropres à tout service actif ou auxiliaire.

En temps de paix, des *sursis d'incorporation,* renouvelables d'année en année jusqu'à l'âge de 25 ans, peuvent être accordés aux jeunes gens qui en font la demande. A cet effet, ils doivent établir que soit à raison de leur situation de *soutien de famille,* soit dans l'*intérêt de leurs études,* soit pour leur apprentissage, soit pour les besoins de l'exploitation agricole, industrielle ou commerciale, il est indispensable qu'ils ne soient pas enlevés immédiatement à leurs travaux.

En cas de guerre les sursis sont annulés et les jeunes gens sont appelés avec leur classe d'origine.

Les familles des jeunes gens qui remplissaient effectivement avant leur départ pour le service les devoirs de soutien indispensable de famille peuvent recevoir sur leur demande une allocation journalière, en temps de paix, de 1 fr. 25, fournie par l'État pendant la présence de ces jeunes gens sous les drapeaux. Cette allocation est majorée de 0 fr. 50 pour chaque enfant de moins de 16 ans à la charge du soutien de famille.

La durée complète du service militaire se distribue ainsi :

Armée active : trois ans; *Réserve de l'armée active* : onze ans; *Armée territoriale* : sept ans; *Réserve de l'armée territoriale* : sept ans.

La préoccupation qui domine dans cette loi est d'assurer l'*égalité* de tous les Français devant ce qu'on appelait autrefois « l'impôt du sang » et ce qui est, en réalité, le plus noble devoir du citoyen.

Voici maintenant comment fonctionne la loi du 7 août 1913.

Chaque année, les maires des communes de chaque canton de France dressent le *tableau de recensement,* c'est-à-dire une liste où figurent tous les jeunes gens âgés de 19 ans révolus dans l'année précédente.

On convoque les jeunes gens à se présenter devant le *conseil de revision*, qui juge s'ils sont capables d'entrer immédiatement au régiment, ou s'ils doivent être ajournés parce que leur croissance et leur développement sont incomplets, ou enfin s'ils doivent être exemptés. Le conseil de revision est composé d'un général, du préfet, d'un conseiller de préfecture, d'un conseiller général, d'un conseiller d'arrondissement, sans compter un intendant et un médecin militaire chargé de les examiner. Ceux qui ont été déclarés *bons pour le service* reçoivent alors une *feuille de route* et sont incorporés dans un régiment de ligne ou de cavalerie, dans la marine ou l'infanterie de marine. Ils y reçoivent l'instruction militaire et peuvent désormais aspirer aux grades de caporal, sous-officier et officier. Chaque régiment a à sa tête un colonel et se divise en plusieurs bataillons commandés par un chef de bataillon (infanterie), ou en plusieurs escadrons, commandés par un chef d'escadron (cavalerie). Chaque bataillon se divise en compagnies, placées sous les ordres d'un capitaine assisté de lieutenants, sous-lieutenants, etc.

La marine a une organisation particulière et se recrute parmi les jeunes gens qui se livrent à la navigation ou à la pêche maritime. Les marins appartiennent au service de 18 ans à 50.

Le territoire de la France est composé de 19 *régions* militaires (20, si l'on compte l'Algérie), dont chacune comprend un *corps d'armée* et est placée sous les ordres d'un général de division commandant de corps.

Chaque région comprend *huit subdivisions*, commandées le plus souvent par des généraux de brigade.

Une grande partie des officiers de l'armée de terre sortent de l'*École spéciale militaire de Saint-Cyr* ou des *Écoles de sous-officiers* de Saumur ou de Saint-Maixent. L'*École polytechnique* fournit principalement des officiers au génie et à l'artillerie : ceux-ci vont généralement se perfectionner à l'*École d'application de Fontainebleau*.

Nul n'est admis dans une administration de l'État, ou ne peut être investi de fonctions publiques, même électives, s'il ne justifie avoir satisfait aux obligations imposées par la loi de recrutement.

Le temps passé sous les drapeaux par les fonctionnaires, agents et sous-agents de l'État, par les ouvriers et employés des établissements de l'État, est compté, pour la retraite et l'avancement, pour une durée équivalente de services civils.

DIX-NEUVIÈME LEÇON

L'ENSEIGNEMENT PUBLIC

En France, l'enseignement public est en partie exercé par l'État, en partie abandonné à la libre initiative des citoyens.

Il y a trois ordres d'enseignement : l'enseignement primaire, l'enseignement secondaire et l'enseignement supérieur.

Enseignement primaire. — L'enseignement primaire comprend les éléments de science nécessaires à tous : la langue et la grammaire française, l'histoire, la géographie, le calcul, etc.

C'est la loi du 28 mars 1882 qui a organisé l'instruction nationale en ce qui touche l'enseignement primaire :

1° L'enseignement primaire est *obligatoire* pour tous les enfants, garçons et filles, de 6 à 13 ans.

2° Il est *laïque*. Cela veut dire que pour respecter la liberté de conscience de tous les enfants, l'enseignement religieux sera donné en dehors de l'école nationale. A cet effet, l'école est fermée un jour par semaine, en général, le jeudi. Mais l'obligation imposée à tous d'aller à l'école entraîne la *gratuité*, c'est ce qu'avait décidé déjà la loi du 16 juin 1881.

La Commission scolaire. — Afin d'assurer l'observation de la loi de 1882, on a créé une *commission scolaire* composée du maire, président, d'un délégué par canton et de plusieurs conseillers municipaux. Sa principale attribution est de faire respecter la loi et d'examiner si les excuses présentées par les parents qui n'envoient pas leurs enfants à l'école sont sérieuses ou non. Les autorités municipales doivent dresser la liste des enfants de 6 à 13 ans et aviser les parents du jour de la rentrée des classes.

Les parents doivent faire connaître au maire l'endroit (école ou famille) où leur enfant sera instruit ; ils doivent assurer l'assiduité de l'enfant aux études et faire connaître à l'instituteur les motifs des absences.

Les directeurs d'écoles doivent tenir un registre d'appel et en adresser, tous les mois, un extrait à l'inspecteur primaire de la circonscription.

Mesures de répression. — S'il y a plus de quatre absences non justifiées dans le mois, les parents sont appelés à comparaitre devant la Commission scolaire. S'ils ne comparaissent pas, la Commission leur inflige la peine morale de l'affichage, pendant quinze jours, à la porte de la mairie.

S'il y a récidive, la commission scolaire ou, à son défaut, l'inspecteur primaire, adresse une plainte au juge de paix qui peut infliger une amende aux parents contrevenant à la loi.

Les directeurs d'écoles privées qui n'observent pas les prescriptions de la loi peuvent être punis par le Conseil départemental de différentes peines : avertissement, censure, suspension pour un mois au plus et, en cas de récidive, pour trois mois au plus.

Établissements. — L'enseignement primaire est donné :

1° Dans les écoles maternelles et les classes enfantines;

2° Dans les écoles primaires élémentaires;

3° Dans les cours complémentaires ;

4° Dans les écoles primaires supérieures.

Personnel enseignant. — Pour être nommée institutrice, il faut être âgée de 17 ans au moins, instituteur, 18 ans; pour diriger une école primaire élémentaire, il faut avoir 21 ans et une école primaire supérieure, 25 ans. Les diplômes exigés sont les suivants : le brevet élémentaire, pour les stagiaires, le même brevet et le certificat d'aptitude pédagogique pour les titulaires, le brevet supérieur pour les instituteurs adjoints des écoles primaires supérieures, le professorat des écoles normales et des écoles primaires supérieures pour les directeurs, les directrices et les professeurs des écoles primaires supérieures.

Les instituteurs font ordinairement leurs études dans les *écoles normales*, placées en général au chef-lieu de chaque département. Les professeurs des écoles normales ont à leur tour des *écoles normales spéciales* pour se former. Il y en a deux : une pour les hommes à Saint-Cloud, l'autre pour les femmes à Fontenay-aux-Roses.

L'enseignement primaire est institué pour l'immense majorité des enfants de la campagne et de la ville, qui ne doivent point faire d'études spéciales de littérature ou de science, et qui veulent devenir capables ou de gagner leur vie en travaillant, ou de gérer les propriétés que leurs parents leur ont laissées.

Enseignement secondaire. — L'enseignement secondaire est destiné à ceux qui veulent pousser plus loin leur instruction, soit pour se préparer à être avocats, médecins, ingénieurs, professeurs, magistrats, ou à entrer dans une administration publique, ou soit simplement pour cultiver leur esprit.

Il est commun à tous ceux-là, car il ne comprend aucune étude spéciale, mais seulement la somme de connaissances que chacun doit d'abord posséder pour pouvoir ensuite aspirer à telle ou telle des professions qu'on appelle *libérales*. Les écoles où cet enseignement est donné s'appellent *lycées* et *collèges*. Il est constitué par un cours d'études d'une durée de 7 ans et comprend deux cycles : l'un d'une durée de 4 ans, l'autre d'une durée de 3 ans. A l'issue du premier cycle, l'élève se trouve en possession d'un ensemble de connaissances formant un tout et pouvant se suffire à lui-même. Le second cycle se termine par la double épreuve du *baccalauréat*, examen qui consacre l'achèvement des études. A la première partie du baccalauréat, les candidats peuvent choisir entre quatre séries d'épreuves, latin-grec, latin-langues vivantes, latin-sciences, sciences-langues vivantes. Les candidats à la seconde partie choisissent entre les deux séries d'épreuves : philosophie et mathématiques.

L'unité de l'enseignement est ainsi conciliée avec la variété des aptitudes.

Enseignement supérieur. — A la sortie du lycée ou du collège, le jeune bachelier qui désire faire des études spéciales pour entrer dans l'ordre des *professions libérales* passe dans l'enseignement supérieur, dont les établissements considérés séparément s'appellent *facultés*. Il y a (si on laisse de côté la *théologie*, qui relève plutôt des cultes que de l'instruction publique) quatre espèces de facultés : *droit*, *médecine*, *sciences* et *lettres*. Elles sont réunies par groupes de deux, trois ou quatre et forment des centres d'instruction appelés *universités* auxquels une loi récente a donné la personnalité civile.

Il y a en France 16 universités correspondant à 16 *académies* dont chacune comprend plusieurs départements formant un ressort qui dépend du chef-lieu. Chaque université est gérée par un conseil présidé par le *recteur*; chaque faculté, par un conseil présidé par le *doyen*. Les professeurs sont nommés au concours; leur office est double : 1° ils font subir des examens pour les *grades universitaires* (baccalauréat, licence et doctorat); 2° ils professent la science à laquelle se rattache la *chaire* dont ils sont chargés.

Les professeurs de faculté, dans tous les ordres, doivent être eux-mêmes *docteurs*. Dans les lycées et les collèges, ces professeurs sont pour la plupart *licenciés ès lettres* ou *ès sciences*, et souvent aussi *agrégés*, c'est-à-dire pourvus d'un titre spécial qui s'obtient au concours. Les avocats et magistrats ont besoin d'être au moins *licenciés en droit*; les médecins *docteurs en médecine* ou officiers de santé.

L'ensemble des fonctionnaires des trois ordres d'enseignement forme ce qu'on appelle l'*Université de France*. Elle est dirigée par une administration spéciale dont voici les principaux rouages : les instituteurs sont sous les ordres de l'*inspecteur primaire* siégeant au chef-lieu d'arrondissement; les professeurs des collèges ont à leur tête un *principal*, ceux des lycées un *proviseur*, qui, comme les inspecteurs primaires, sont placés sous la direction d'un *inspecteur d'académie*. Enfin le *recteur* est le chef des trois ordres d'enseignement de son académie.

Des *inspecteurs généraux* de chaque ordre sont chargés de surveiller les écoles, les lycées et collèges de tout le territoire.

A côté de ces autorités administratives, l'Université possède une série de conseils spéciaux qui lui servent, pour ainsi dire, de Parlement, et que nous avons déjà cités.

VINGTIÈME LEÇON

LES GRANDS SERVICES PUBLICS

Les services publics sont institués pour répondre aux besoins du pays: ils forment différentes branches de l'administration auxquelles correspondent différents ministères.

La hiérarchie administrative. — Dominant tous les services publics, le Président de la République se trouve placé à la tête de l'administration générale.

Au second degré sont les ministres.

Chaque ministre a pour collaborateurs intimes : un chef de cabinet, un chef de secrétariat particulier et des secrétaires particuliers. Aucun de ces fonctionnaires n'est attaché à un service spécial; venu avec le ministre, il se retire le plus souvent avec lui, quand il y a un changement de ministère.

Les bureaux affectés à chaque ministère constituent l'administration proprement dite. Ils comprennent plusieurs directeurs généraux au-dessous desquels sont placés des chefs de division, puis des chefs de bureaux, des sous-chefs, des rédacteurs principaux et enfin des commis ou expéditionnaires.

Au troisième degré de l'administration générale, on trouve le préfet dans chaque département.

Au quatrième degré, le sous-préfet, dans chaque arrondissement; enfin au cinquième degré, le maire, dans chaque commune.

Pour donner une idée de l'organisation des ministères français, nous allons passer rapidement en revue les titres des principales directions de chacun d'eux.

Intérieur. — Le ministre de l'Intérieur dirige les affaires du pays. Il comprend :

1° La *direction du contrôle et de la comptabilité*, qui centralise les rapports des inspecteurs généraux administratifs et répartit les subventions sur les fonds du pari mutuel;

2° La *direction de l'administration départementale et communale*;

3° La *direction de l'assistance et de l'hygiène publiques* : institutions de bienfaisance, hospices, hôpitaux, bureaux de bienfaisance, assistance médicale gratuite.

4° La *direction de l'administration pénitentiaire*: prisons, exécution des peines, transport des condamnés ;

5° La *direction de la Sûreté générale* : surveillance des personnes ou des collectivités dont les projets peuvent nuire à l'État, police et contrôle général des étrangers.

Justice. — Le ministère de la justice comprend:

1° La *direction des affaires civiles et du sceau*: organisation judiciaire en France et aux colonies, officiers ministériels et publics, questions de naturalisation, de nationalité, dispenses d'âge, de parenté d'alliance pour mariage, etc.

2° La *direction des affaires criminelles et des grâces* : Poursuites des crimes, délits et contraventions, examen des recours en grâce, statistiques et casiers judiciaires, frais de justice.

3° La *direction du personnel et de la comptabilité*: nomination des juges, tableau d'avancement des magistrats.

Affaires étrangères. — Le ministère des affaires étrangères comprend :

1° La *direction des affaires politiques et commerciales* : sauvegarde des intérêts commerciaux de la France à l'étranger, par l'intermédiaire de nos consuls.

2° La *direction des affaires administratives et techniques* : pouvoirs, fonctions et attributions des consuls français à l'étranger et des consuls étrangers en France.

3° La *direction des fonds et de la comptabilité.*

Finances. — Le ministère des finances comprend :

1° La *direction du personnel et du matériel* ;

2° La *direction du contrôle des administrations financières et de l'ordonnancement* ;

3° La *direction ou mouvement général des fonds* ;

4° La *direction générale de la comptabilité publique* qui centralise et vérifie la comptabilité de toutes les administrations publiques et qui prépare le budget ;

5° La *direction de la dette inscrite.*

Les directions suivantes dépendent encore de ce ministère :

Des Contributions directes;

De l'Enregistrement, des Domaines et du Timbre;

Des Douanes;

Des Contributions indirectes;

Des Manufactures de l'État ;

Des Monnaies et Médailles.

Guerre. — Le ministère de la Guerre dont le rôle est d'assurer la défense du territoire, comprend les directions suivantes :

1° De l'*infanterie*;

2° De la *cavalerie*;

3° De l'*artillerie*;

4° Du *génie*;

5° De l'*intendance militaire*;

6° Des *poudres et salpêtres*;

7° Du *service de santé*;

8° Des *troupes coloniales.*

Marine. — Le ministère de la Marine comprend :

1° Le *service hydrographique*;

2° Le *service central du bersonnel militaire de la flotte*;

3° Le *service central de l'intendance maritime*;

4° Les *services de la flotte en construction*;

5° La *direction de l'artillerie navale*;

6° La *direction centrale de la navigation et des pêches maritimes.*

Instruction publique et Beaux-Arts. — Le ministère de l'Instruction publique comprend :

1° La *Direction de l'Enseignement supérieur* : Universités, Facultés, Conseil supérieur, inspecteurs généraux et recteurs, etc.

2° La *Direction de l'Enseignement secondaire* : lycées de garçons et de filles, collèges, matériel et comptabilité des lycées, etc.

3° La *Direction de l'Enseignement primaire* : inspecteurs d'Académie, Écoles normales, Écoles primaires supérieures, Écoles primaires élémentaires, créations d'écoles et d'emplois, etc,

4° La *Direction de la comptabilité.*

Le sous-secrétariat des Beaux-Arts comprend deux directions importantes :

1° Celle des *services d'architecture* ; bâtiments civils et palais nationaux, monuments historiques;

2° Celle de l'*Enseignement et des Travaux d'art*, Musées et Expositions, Manufactures nationales et Théâtres nationaux.

Travaux publics, Postes et Télégraphes. — Outre la *Direction du personnel et de la comptabilité*, ce Ministère comprend encore :

1° La *Direction des routes et de la navigation*;

2° La *Direction des chemins de fer*;

3° La *Direction des mines, des voies ferrées d'intérêt local et des distributions d'énergie électrique*;

Le Service des Postes comprend naturellement :

1° La *Direction du personnel*;

2° La *Direction de l'exploitation postale*;

3° La *Direction de l'exploitation télégraphique*;

4° La *Direction de l'exploitation téléphonique*;

5° La *Direction de la comptabilité*;

6° La *Direction de la Caisse nationale d'épargne.*

Commerce et Industrie. — Le ministère du Commerce et de l'Industrie comprend :

1° La *Direction du personnel, de la marine marchande et des transports*;

2° La *Direction de l'Enseignement technique* à laquelle ressortissent les Écoles pratiques de commerce;

3° La *Direction des affaires commerciales et industrielles* : politique douanière française et étrangère, mouvement du commerce extérieur, chambres de commerce.

Agriculture. — Le ministère de l'Agriculture comprend :

1° La *Direction du secrétariat, du personnel central et de la comptabilité*;

2° La *Direction de l'Agriculture*;

3° La *Direction générale des eaux et forêts*;

4° La *Direction de l'hydraulique et des améliorations agricoles:*

5° La *Direction des haras*;

Colonies. — Le ministère des Colonies comprend :

1° La *Direction du personnel*;

2° La *Direction des affaires politiques et administratives* : services pénitentiaires, services géographiques, missions, etc.

3° La *Direction des services militaires.*

Travail et Prévoyance sociale. — Ce ministère est un des plus récents; il répond aux préoccupations de la République française qui s'intéresse de plus en plus au sort des classes laborieuses. Il comprend :

1° La *Direction du travail* : office du travail, inspection du travail, associations professionnelles, conseils de prud'hommes;

2° La *Direction de l'assurance et de la prévoyance sociale* : retraite des ouvriers mineurs, épargne et crédit mutuel, habitations à bon marché et assurances.

3° La *Direction de la mutualité* : administration générale des sociétés, statistique et pensions.

DEUXIÈME PARTIE

DROIT PRIVÉ

I

LES PERSONNES

VINGT ET UNIÈME LEÇON

LES ACTES DE L'ÉTAT CIVIL

Droit privé. — Le droit privé ou droit civil est la partie de la législation qui règle les rapports des particuliers entre eux.

Les règles du droit civil se trouvent en grande partie dans le Code civil, rédigé en 1804, par les savants jurisconsultes Tronchet, Bigot-Préameneu, Portalis et Maleville, et voté par le Corps législatif.

Le Code civil comprend 2281 articles répartis en trois livres qui traitent : le premier, des *personnes*; le deuxième, des *biens*; le troisième, des *différentes manières dont les personnes acquièrent les biens ou s'obligent les unes envers les autres.*

Les actes de l'état civil. — L'état civil d'une personne est la position de l'individu considéré comme membre de l'association politique ou de la famille à laquelle il appartient.

Les faits principaux qui influent sur la condition légale de la personne sont la naissance, le mariage et le décès.

Ces faits sont constatés par des actes inscrits sur des registres spéciaux : ces actes sont les actes de l'état civil.

L'*acte de naissance* détermine l'époque à laquelle la personne a pu commencer à avoir des droits, son âge, sa nationalité, puisqu'il indique les père et mère de l'enfant.

Le *mariage* est la base même de la famille; il crée entre les père et mère et les enfants les droits et obligations réciproques qui naissent des rapports de paternité et de filiation.

L'*acte de décès* détermine le jour où la personne cessant d'exister ne peut plus avoir de droits et où ses biens passent à ses héritiers.

A raison de l'importance considérable que présente la constatation exacte et sincère de ces faits, des précautions minutieuses ont été prises pour assurer la tenue régulière des registres de l'état civil.

Les registres de l'état civil sont tenus dans chaque commune par les *maires* et *adjoints*; les maires et adjoints sont *officiers de l'état civil.*

L'officier de l'état civil reçoit les déclarations des personnes intéressées qui comparaissent devant lui, en présence des *témoins* qui attestent la sincérité de ces déclarations; il en dresse acte et cet acte est inscrit sur les registres spéciaux, appelés *registres de l'état civil.*

Les témoins sont au nombre de deux pour les actes de naissance et de décès; il faut quatre témoins pour le mariage, deux pour chacun des futurs époux.

Les témoins qui figurent aux actes de l'état civil doivent être majeurs, âgés de vingt et un ans au moins.

Aucune autre condition n'est exigée.

L'acte de l'état civil est rédigé par l'officier de l'état civil, qui en donne ensuite lecture aux parties et aux témoins: l'officier de l'état civil signe l'acte et le fait signer par les personnes qui y figurent comme parties intéressées ou comme témoins; si ces personnes ne savent ou ne peuvent signer, l'officier de l'état civil en fait mention dans l'acte.

L'acte doit être inscrit de suite sur les registres. Suivant l'importance de la commune, il y a un seul registre sur lequel tous les actes sont inscrits, ou trois registres, un pour les naissances, un pour les mariages, un pour les décès. *Les registres sont tenus doubles*, c'est-à-dire que l'acte est porté sur deux registres. A la fin de l'année, ou lorsque le registre est terminé, un des doubles reste aux archives de la commune, l'autre est déposé au *greffe du tribunal de première instance de l'arrondissement.* On évite ainsi les chances de perte.

Toute personne peut se faire délivrer soit par le maire de la commune, soit par le greffier du tribunal, dépositaire de l'un des doubles des registres, un *extrait des registres de l'état civil*, c'est-à-dire une copie des actes qui y sont portés, sauf en ce qui concerne les actes de naissance, qui ne peuvent être délivrés sans autorisation spéciale du juge de paix qu'à l'intéressé, aux ascendants et descendants, conjoint, tuteur ou représentant légal, et au procureur de la République. (Loi du 30 novembre 1906.) Ces extraits ou copies sont signés par l'officier de l'état civil ou par le greffier. La signature de l'officier de l'état civil ou du greffier doit être *légalisée* par le président du tribunal civil ou par le juge de paix. La légalisation a pour but d'attester que la signature qui se trouve au bas de la copie est bien celle de l'officier de l'état civil ou du greffier.

Malgré les précautions prises, il arrive parfois que des inexactitudes se glissent dans les actes de l'état civil ; ainsi, dans un acte de naissance, le nom de l'enfant ou de ses père et mère est mal orthographié. Il faut alors procéder à une *rectification.* La rectification ne peut avoir lieu qu'en vertu d'un jugement rendu par le tribunal de première instance, et il est fait mention de ce jugement sur les registres en marge de l'acte rectifié.

RÈGLES SPÉCIALES A CHACUN DES ACTES DE L'ÉTAT CIVIL

Acte de naissance. — La déclaration de naissance doit être faite dans les trois jours.

L'obligation de déclarer la naissance est imposée, en première ligne, au père ou à la personne chez laquelle la naissance a eu lieu, et ensuite aux personnes qui étaient présentes lors de la naissance de l'enfant.

Les personnes soumises à l'obligation de déclarer la naissance peuvent, si elles ne font pas la déclaration dans le délai prescrit, être punies d'un emprisonnement et d'une amende. L'officier de l'état civil ne devrait pas recevoir la déclaration de naissance qui lui serait faite après le délai de trois jours. La naissance de l'enfant devrait alors être constatée par un jugement du tribunal de première instance, rendu dans la forme des jugements de rectification.

L'acte de naissance est dressé en présence de deux témoins : il énonce le jour, l'heure, le lieu de la naissance, le sexe de l'enfant, les prénoms qui lui sont donnés, les noms, profession et domicile des père et mère et ceux des témoins.

Acte de décès. — L'acte de décès est dressé par l'officier de l'état civil sur la déclaration de deux témoins qui sont, autant que possible, les deux plus proches parents ou voisins.

Il contient les prénoms, nom, âge, profession et domicile de la personne décédée, et les renseignements que les personnes qui font la déclaration du décès peuvent fournir sur son époux, si elle était mariée, ainsi que sur ses père et mère et le lieu de sa naissance.

L'acte de décès peut être dressé immédiatement après le décès; mais l'inhumation ne peut avoir lieu que vingt-quatre heures au moins après que le décès a été constaté par l'officier de l'état civil ou plutôt par un médecin délégué par lui, et en vertu d'une autorisation délivrée sans frais par l'officier de l'état civil. On a voulu éviter ainsi les dangers des inhumations précipitées.

VINGT-DEUXIÈME LEÇON

CONSTITUTION DE LA FAMILLE — LE MARIAGE ACTE DE MARIAGE DROITS ET DEVOIRS RESPECTIFS DES ÉPOUX

Le mariage a, dans notre législation, le caractère d'un contrat civil, régi seulement par la loi civile, sans qu'il y ait à faire aucune distinction d'après la croyance religieuse des parties.

Au point de vue de la loi civile, le mariage n'est valable que si les formes prescrites par le code civil ont été observées.

Le mariage civil doit toujours précéder le mariage religieux.

Le mariage étant un contrat suppose avant tout le consentement des deux époux. Ce consentement doit être libre, éclairé, exempt d'erreur. Le mariage pourrait être annulé, si l'un des époux avait été contraint de donner son consentement, ou s'il y avait eu erreur sur la personne qu'on se proposait d'épouser

La première condition pour pouvoir contracter mariage est d'avoir l'âge exigé par la loi.

L'âge requis pour le mariage est de dix-huit ans pour les hommes et de quinze ans pour les femmes.

Avant cet âge, le mariage ne peut être contracté qu'en vertu de dispenses accordées par le chef de l'État'

Les fils et les filles jusqu'à l'âge de vingt et un ans, ne peuvent se

marier sans le consentement de leurs ascendants. (Loi du 21 juin 1907.)

Les ascendants sont les père et mère, les grands-pères et grand'mères, bisaïeuls et bisaïeules; lorsque les père et mère existent encore, le consentement doit être donné par le pére et par la mère. Toutefois, s'il y a *dissentiment* entre le père et la mère, le consentement du père suffit. Quand les père et mère sont morts, le droit de consentir au mariage passe aux autres ascendants. S'il y a des ascendants dans la ligne paternelle et la ligne maternelle, *le partage emporte consentement*, c'est-à-dire que le consentement des ascendants de l'une des deux lignes permet de contracter mariage.

Le consentement au mariage est donné par l'ascendant en personne, s'il assiste à la célébration du mariage; si l'ascendant ne peut assister au mariage, son consentement doit être constaté par *un acte passé devant notaire.* Les *notaires* sont des fonctionnaires établis dans les villes et les localités les plus importantes; ils sont chargés de constater les déclarations des particuliers et de dresser les actes les plus importants.

Lorsqu'il n'y a pas d'ascendants, le futur époux, qu'il s'agisse d'un fils ou d'une fille, ne peut, avant l'âge de vingt et un ans, se marier sans le consentement de son *conseil de famille.* Nous verrons bientôt, à propos de la tutelle, comment est composé le conseil de famille.

L'enfant qui a des ascendants, même lorsqu'il a atteint l'âge où il peut se marier sans leur consentement, ne peut contracter mariage sans leur avoir au moins demandé conseil. C'est la conséquence du principe que l'enfant, à tout âge, doit honneur et respect à ses ascendants. Le fils et la fille qui ont plus de vingt et un ans ne peuvent se marier sans avoir fait à l'ascendant un *acte respectueux.* L'acte respectueux est rédigé par un notaire, qui se présente au domicile de l'ascendant appelé à donner son consentement et lui notifie le projet de mariage : c'est seulement un mois après cette notification que le mariage peut être célébré. Après l'âge de trente ans les enfants sont dispensés de tout consentement et la notification du projet de mariage n'est plus nécessaire. (Loi du 21 juin 1907.)

Notons encore deux causes qui font obstacle à la célébration du mariage. La première est l'existence d'un premier mariage; le mariage ne peut être contracté par une personne déjà mariée. La *bigamie*, qui serait l'état d'un homme ayant deux femmes ou d'une femme ayant deux maris, constitue un crime puni de peines sévères.

Un autre empêchement résulte de la *parenté* et de l'*alliance*. La parenté est le lien qui unit deux personnes descendant l'une de l'autre ou descendant d'un auteur commun. Les personnes qui descendent l'une de l'autre sont les *parents en ligne directe*; ainsi le père et le fils, le grand-père et le petit-fils, etc. Ceux qui descendent d'un auteur commun, les frères et sœurs, oncles, tantes, neveux et nièces, cousins et cousines, sont les *parents en ligne collatérale*.

L'alliance est le lien qui unit chacun des époux aux parents de son conjoint : le mari est l'allié du père et de la mère, des frères et sœurs de sa femme, etc., et réciproquement la femme est l'alliée des parents de son mari.

En ligne directe, le mariage est interdit absolument entre parents et alliés ; en ligne collatérale, le mariage est interdit entre frères et sœurs, beaux-frères et belles-sœurs, entre l'oncle et la nièce, la tante et le neveu. Toutefois la prohibition du mariage entre beaux-frères et belles-sœurs, oncle et nièce, tante et neveu peut être levée par des *dispenses* accordées par le chef de l'État.

Nous venons d'indiquer les qualités et conditions requises pour contracter mariage, nous avons maintenant à voir quelles sont les formes de la célébration du mariage.

Le mariage doit être précédé d'une publication faite pendant dix jours comprenant deux dimanches, à la mairie du domicile de chacun des époux et du domicile des ascendants qui sont appelés à consentir au mariage. (Loi du 21 juin 1907.)

La publication résulte d'affiches apposées à la mairie. Le mariage ne peut être célébré avant le dixième jour depuis et non compris le jour de la publication. Si le mariage n'a point été célébré dans l'année, les publications doivent être recommencées.

Lorsque les publications ont été faites, qu'aucune opposition ne s'est produite, que toutes les pièces exigées ont été fournies, les futurs époux peuvent se présenter devant l'officier de l'état civil et lui demander de procéder à la célébration de leur union.

L'officier de l'état civil compétent pour procéder à la célébration du mariage est le maire ou l'adjoint de la commune où l'un des futurs époux habite depuis six mois au moins.

Le mariage est célébré à la mairie, publiquement, en présence de quatre témoins, parents ou non parents, du sexe masculin et âgés de vingt et un ans. L'officier de l'état civil, après avoir donné lecture aux parties des pièces produites, des dispositions de la loi relatives aux droits et devoirs respectifs des époux, interroge les futurs époux et leur demande successivement s'ils veulent se prendre pour mari et femme; sur leur réponse affirmative, il les déclare unis au nom de la loi.

Acte de mariage. — La célébration du mariage est constatée par un *acte de mariage*, qui est inscrit de suite sur les registres de l'état civil.

Le mariage crée entre les époux et à l'égard des enfants des droits et des obligations réciproques.

Devoirs respectifs des époux. — Les époux se doivent réciproquement fidélité, secours, assistance; la femme est tenue de résider avec son mari, et, de son côté, le mari doit procurer à la femme une habitation convenable et tout ce qui est nécessaire à son existence.

Les époux sont tenus de nourrir, entretenir et élever leurs enfants.

Dissolution du mariage. — Le mariage se dissout :

1° Par la mort de l'un des époux;

2° Par le divorce.

VINGT-TROISIÈME LEÇON.

NOTIONS TRÈS SOMMAIRES SUR LE CONTRAT DE MARIAGE

Le *contrat de mariage* est un contrat solennel qui doit être fait par devant notaire, avant la célébration du mariage (art. 1394); aucune modification ne peut être apportée au contrat durant le mariage.

L'ensemble des règles adoptées par les futurs époux pour l'administration des biens de la femme ou la mesure dans laquelle chacun des époux supportera les dépenses de la vie de famille, s'appelle le *régime matrimonial.*

Il y a quatre régimes matrimoniaux :

1° Régime de communauté legale. — On l'appelle encore *régime de droit commun* parce qu'il est appliqué de droit lorsque les époux se sont mariés sans dresser un contrat de mariage.

Les biens appartenant aux deux époux composent trois patrimoines distincts :

Le patrimoine du mari;

Celui de la femme;

Et le patrimoine commun, ou mieux la *communauté* dont les époux sont copropriétaires pour moitié.

Ainsi les immeubles appartenant au mari au moment du mariage ou ceux qu'il a acquis pendant le mariage par succession ou par donation lui sont propres. De même pour la femme.

Au contraire, tombent en communauté :

a. Les meubles dont les époux étaient propriétaires au moment du mariage et ceux qu'ils peuvent acquérir pendant le mariage, par succession ou par donation;

b. Les meubles et aussi les immeubles acquis pendant le mariage, à titre onéreux, vente ou échange;

c. Les fruits, les intérêts provenant des biens propres des époux et le produit de leur travail.

Administration des biens communs. — C'est le mari qui administre les biens communs : il peut les vendre, les hypothéquer, donner les meubles, mais pas les immeubles.

Cependant une loi récente, celle du 13 juillet 1907, permet à la femme de toucher elle-même le produit de son travail et elle administre à son gré les économies qu'elle a pu réaliser sur son gain[1].

Administration des biens propres. — C'est encore le mari qui administre même les biens de la femme, mais il ne peut pas les vendre, ni les échanger, ni les hypothéquer; il ne peut que les donner à bail.

Dissolution de la communauté. — La communauté cesse :

Par la mort de l'un des époux;

Par le divorce;

Par la séparation de corps;

Par le jugement déclarant la séparation des biens, sur la demande de la femme, si celle-ci voit que sa dot est en péril, par mauvaise administration du mari.

1. Voir plus loin, page 58.

2° Régime exclusif de communauté. — C'est un régime dans lequel il y a, d'une part, le patrimoine du mari, de l'autre celui de la femme. Le mari administre les biens de la femme et en perçoit les revenus sans avoir de compte à rendre sur les économies qu'il pourrait réaliser de ce fait.

3° Régime de séparation de biens. — C'est celui dans lequel chaque époux conserve l'administration et la jouissance de ses biens propres.

4° Régime dotal. — Le régime dotal est celui sous lequel les biens de la femme sont partagés en deux : les biens *dotaux* et les biens *paraphernaux*[1].

Le mari administre seulement les biens dotaux, comme sous le régime exclusif de communauté, mais la femme administre elle-même les biens paraphernaux, comme sous le régime de la séparation de biens.

Ce qui caractérise ce régime c'est que le mari ne peut pas *aliéner* les biens dotaux de la femme. La femme elle-même, y fût-elle autorisée par son mari, est incapable d'aliéner ses immeubles dotaux, de les hypothéquer ou de contracter une obligation qui pourrait en amener la saisie ou la vente.

En outre, une personne qui serait en possession d'un immeuble dotal de la femme depuis plus de 30 ans, ne pourrait pas invoquer la prescription pour en acquérir un droit de propriété, en supposant bien entendu que le mariage dure encore.

VINGT-QUATRIÈME LEÇON

INCAPACITÉ DE LA FEMME MARIÉE

Autorité maritale. — L'autorité du mari sur la femme consiste en certains droits légaux :

1° La femme doit se soumettre à la volonté de son mari ;

2° Elle doit habiter avec lui et conséquemment elle est obligée de le suivre là où il réside ;

3° La femme est déclarée *incapable*.

1. De deux mots grecs, *para*, à côté, et *phernê*, dot.

Incapacité de la femme mariée. — En quoi consiste cette incapacité? En ce que la femme mariée ne peut faire aucun acte important de la vie sans y être autorisée, spécialement, par son mari.

Pourquoi? Parce qu'on veut assurer une unité de direction dans le ménage. Ainsi, par exemple, la femme ne peut *ester* en justice, c'est-à-dire intenter ou suivre une action judiciaire, soit comme demanderesse, soit comme défenderesse, sans l'autorisation de son mari.

De même elle ne peut ni donner, ni vendre, ni échanger, ni constituer des hypothèques.

Pourtant, par contrat de mariage, le mari peut donner à sa femme le droit de faire des actes d'administration relativement à ses biens propres, c'est ce qui se produit sous le régime matrimonial de séparation de biens.

Le mari peut encore, d'une manière générale, autoriser sa femme à faire du commerce et alors, pour tous les actes concernant son commerce, la femme devient *capable*, même de vendre des immeubles et de constituer des hypothèques.

Sanction. — Est entaché de nullité tout acte fait par la femme mariée sans autorisation du mari.

La femme mariée peut cependant faire seule certains actes :

1° Elle peut faite son testament;

2° Elle peut révoquer une donation qu'elle aurait faite à son mari;

3° Elle peut faire des dépôts à la caisse d'épargne.

L'incapacité de la femme mariée cesse naturellement par la dissolution du mariage (mort du mari ou divorce), ou par la séparation de corps (loi du 6 février 1893).

Loi du 13 juillet 1907. — Cette loi bienfaisante relève la femme mariée de son incapacité sur deux points :

1° Le mari n'a plus le droit de toucher le salaire de sa femme ni d'en disposer. La femme, si elle fait des économies, peut en disposer comme bon lui semble;

2° Si le mari dissipe son propre salaire, la femme peut être autorisée par le juge à saisir, de ce salaire, la partie reconnue nécessaire pour faire vivre la famille.

Divorce et séparation de corps. — Le divorce dissout le mariage, la séparation en relâche les liens.

Les causes sont identiques :

1° Adultère de l'un des époux;

2° Excès, sévices ou injures graves;

3° Condamnation à une peine afflictive et infamante.

On essaye d'abord de concilier les époux devant le président du tribunal, puis on fait une enquête, enfin le tribunal rend un jugement. Si le divorce est prononcé, il faut, dans les deux mois de la signification au maire, que ce jugement soit transcrit sur le registre de l'état civil. Le divorce dissout le mariage, mais la séparation de corps, tout en rendant la capacité à la femme, ne le dissout pas et par conséquent ne leur permet pas de se remarier.

S'il y a des enfants, ils sont confiés à l'un des époux, à celui qui n'est pas coupable.

D'après la loi du 6 juin 1908, lorsque la séparation de corps a duré trois ans, le tribunal est obligé, sur la requête d'un des époux, de la convertir en divorce.

VINGT-CINQUIÈME LEÇON

LA PUISSANCE PATERNELLE

La puissance paternelle est l'ensemble des droits qu'ont le père et la mère sur la personne et sur les biens de leurs enfants.

Tant que l'enfant est mineur, il appartient au père, et, si le père n'existe plus [1], à la mère de veiller sur la personne de l'enfant et de diriger son éducation. L'enfant mineur ne peut, sans le consentement de ses parents, quitter la maison paternelle; il peut seulement, à l'âge de 20 ans, contracter un *engagement militaire* sans le consentement de ses parents.

Lorsque l'enfant donne à ses parents des sujets de mécontentements graves, le père, ou la mère après la mort du père, peut provoquer sa détention dans une *maison de correction* pour un temps qui ne peut jamais excéder six mois. Cette mesure grave est prise en vertu d'un simple ordre d'arrestation délivré par le *président du tribunal de première instance*.

Comme compensation des charges qui résultent de la puissance paternelle, le père, et, après la mort du père [1], la mère a

1. Ou encore si le père a quitté le domicile conjugal, s'il est frappé d'aliénation mentale, si un jugement de divorce ou de séparation de corps a été prononcé contre lui et confiant à la mère la garde de l'enfant.

le droit de jouir des biens qui appartiennent en propre à l'enfant. C'est ce qu'on appelle le droit d'*usufruit* ou de *jouissance légale*. Comment un enfant mineur peut-il avoir des biens à lui? Cela peut se présenter dans plusieurs circonstances : la plus simple et l'une des plus fréquentes est celle où une personne a laissé par testament une partie de sa fortune à l'enfant mineur.

Mais le droit d'usufruit ou de jouissance légale ne s'exerce pas sur les biens qui auraient été donnés ou légués à l'enfant à la condition que le père ou la mère n'en jouiraient pas, ou sur les biens que l'enfant aurait acquis par son travail.

Les père et mère ne peuvent, du reste, profiter de revenus de l'enfant qu'après avoir prélevé la somme nécessaire pour pourvoir à son éducation. Et cette éducation doit être en rapport avec la situation que donne à l'enfant sa fortune personnelle.

Jusqu'à quel moment les père et mère ont-ils la jouissance légale? A partir de dix-huit ans, l'usufruit légal cesse; il cesserait également, si l'enfant était *émancipé* avant l'âge de dix-huit ans[1].

Outre le droit de jouissance légale, le père a, durant le mariage, le droit exclusif d'administrer les biens personnels de l'enfant mineur. C'est ce qu'on appelle le droit d'*administration légale*.

Fin de la puissance paternelle. — La puissance paternelle cesse :

1° Par la mort du père et de la mère;

2° Par l'émancipation de l'enfant[2];

3° Par sa majorité fixée à 21 ans;

4° Par la déchéance, qui peut être prononcée par les tribunaux, en vertu de la loi du 24 juillet 1889, lorsque les parents se montrent indignes de la puissance paternelle, en raison de leur inconduite ou de leur mauvais exemple ou des mauvais traitements qu'ils infligent à leurs enfants.

VINGT-SIXIÈME LEÇON

LA PARENTÉ ET L'ALLIANCE

La parenté. — La parenté est le lien du sang qui unit plusieurs personnes descendant les unes des autres, ou descendant d'un auteur commun.

1-2. Voir plus loin, page 67.

La parenté *directe* est celle qui unit les personnes descendant les unes des autres : grand-père, père, fils, petit-fils.

La parenté *collatérale* est celle qui unit les personnes descendant d'un auteur commun : frères, sœurs, oncle et neveu.

La *ligne* est toute la série des parents, elle est dite *ligne directe ascendante* quand elle comprend tous les *auteurs* d'une personne : père, mère, aïeuls paternels et maternels, aïeules paternelles et maternelles; elle est dite *ligne directe descendante* lorsqu'elle désigne les *descendants*, c'est-à-dire la *postérité*; fils, petit-fils, arrière-petit-fils, fille, petite-fille, arrière-petite-fille.

Le *degré* est la distance qui sépare deux parents. En ligne directe, il est facile de composer les degrés de parenté. On suppose une échelle simple dont chaque échelon forme un degré Au degré supérieur on inscrit l'arrière-grand-père, par exemple, au-dessous le grand-père, au troisième, le père, puis la personne qui *compute* les degrés, au cinquième degré le fils, au sixième le petit-fils..., etc. Ainsi entre le petit-fils et le père d'une personne désignée on dira qu'il y a quatre degrés :

1	arrière-grand-père.
2	grand-père.
3	père.
4	Paul.
5	fils.
6	petit-fils.
7	arrière-petit-fils.

En ligne collatérale, pour computer les degrés on imagine une échelle double au sommet de laquelle on place l'auteur commun, puis un descendant de cet auteur à chaque échelon inférieur et ainsi de suite. Un exemple nous fera mieux comprendre :

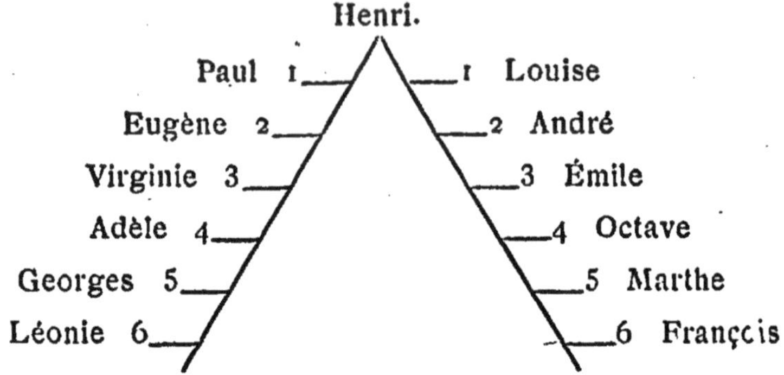

Supposons que Henri soit l'auteur commun de deux lignes collatérales. Il a un fils, Pierre, et une fille, Louise, qui sont tous les deux, comme nous l'avons vu précédemment, à un degré de leur père, mais pour savoir à quel degré ils sont l'un de l'autre, on monte l'échelle, en comptant un degré, puis on la descend, en comptant un autre degré, donc Paul et Louise sont à deux degrés l'un de l'autre. Eugène et André, tous les deux petits-fils du grand-père commun, Henri, sont à quatre degrés l'un de l'autre, ce sont deux *cousins* germains. Allons plus loin encore : Léonie, qui est au sixième degré avec l'auteur commun, Henri, est parente au onzième degré avec Marthe et au douzième degré avec François, qui lui aussi, en ligne directe, est au sixième degré avec l'aïeul commun, Henri.

C'est à cette limite extrême que la loi a arrêté la parenté en ligne collatérale, pour le cas des successions[1].

L'alliance. — L'alliance unit chacun des époux aux parents de l'autre. Ainsi en se mariant votre père est devenu l'allié de tous les parents de votre mère et réciproquement votre mère est devenue l'alliée de tous les parents de votre père, mais votre grand-père n'a pas été l'allié du grand-père ou de la grand'mère de votre mère.

Aux termes de la loi, le mari et la femme ne sont ni parents ni alliés, le lien légal qui les unit est plus étroit, il en fait comme une seule personne.

L'alliance en ligne directe unit l'un des époux aux ascendants

1. Voir page 104.

de l'autre : le gendre ou la bru à son beau-père et à sa belle-mère.

L'alliance en ligne collatérale unit l'un des époux aux collatéraux : beaux-frères et belles-sœurs.

Conséquences juridiques de la parenté et de l'alliance. — 1° Au point de vue des empêchements au mariage; 2° au point de vue de l'obligation alimentaire. Au point de vue des successions, la parenté seule donne des droits.

Obligation alimentaire. — La loi impose aux ascendants, comme aux descendants, l'obligation de fournir des aliments aux parents ou alliés dans le besoin, et dans la mesure même des moyens de ceux qui les fournissent et des besoins de ceux qui les reçoivent :

1° Les ascendants doivent des aliments à leurs descendants, et réciproquement;

2° Les gendres et les belles-filles en doivent à leurs beaux-pères et à leurs belles-mères, et réciproquement, sauf cependant si la belle-mère se remarie et si l'époux qui produisait l'alliance est décédé.

En principe, l'obligation alimentaire doit être acquittée en argent, sauf pour le père et la mère qui peuvent offrir de prendre leur enfant chez eux, même si leur état de fortune leur permettait de s'acquitter en argent.

VINGT-SEPTIÈME LEÇON

LES INCAPABLES — TUTELLE

Protection des incapables. — Il y a des personnes qui sont *incapables* de gérer convenablement leurs biens, soit en raison de leur jeune âge, soit parce que leurs facultés mentales sont altérées. La loi a placé auprès de ces incapables d'autres personnes qu'elle a chargées du soin de les défendre ou de soutenir leurs intérêts.

Voici quels sont les incapables :

1° Les *mineurs*;

2° Les *mineurs émancipés* (capacité restreinte);

3° Les *interdits*;

4° Les *aliénés placés dans un asile*;
5° Les *prodigues* et les *faibles d'esprit.*

Des mineurs. — Le mineur est l'individu de l'un ou de l'autre sexe qui n'a point atteint l'âge de vingt et un ans accomplis.

Lorsque le mineur a perdu son père ou sa mère l'administration légale cesse et ses intérêts sont représentés par un *tuteur.* La tutelle s'ouvre au jour du décès du père ou de la mère.

La tutelle cesse avant la majorité, si l'enfant est *émancipé.*

En résumé, on peut ainsi formuler la règle: *sont en tutelle les mineurs non émancipés qui ont perdu leur père ou leur mère.*

Lorsque le père ou la mère vient à mourir, la tutelle appartient de plein droit au survivant; c'est la *tutelle légale des père et mère.* Lorsque la mère est appelée à la tutelle, elle a toujours le droit de la refuser, si elle ne se croit pas capable d'en remplir les obligations.

La mère tutrice qui veut se remarier doit, à peine d'être déchue de la tutelle, réunir, avant son nouveau mariage, le *conseil de famille* du mineur, et le conseil de famille décidera si la mère doit être maintenue dans la tutelle ou remplacée par un autre tuteur.

Le survivant des père et mère, tuteur légal, peut confier, après sa mort, la tutelle du mineur à une personne qu'il désigne. Cette nomination se fait par *testament*, par *acte devant notaire*, ou par *acte reçu par le juge de paix.* A défaut de tuteur légal et de tuteur désigné par le dernier mourant des père et mère, la tutelle est déférée par la loi aux ascendants. Enfin, lorsque aucune autre tutelle n'est possible, le tuteur est nommé par le *conseil de famille.*

Le conseil de famille est composé de trois parents ou alliés du côté paternel et de trois parents ou alliés du côté maternel.

Dans chaque ligne, on doit prendre les parents ou alliés les plus proches habitant la commune où le conseil de famille se réunit, ou à la distance de deux myriamètres.

Le conseil de famille se réunit sous la présidence du *juge de paix* du canton dans lequel la tutelle s'est ouverte, c'est-à-dire où le père du mineur avait son domicile au jour où la tutelle a commencé.

C'est également le conseil de famille qui nomme le *subrogé tuteur.* Dans toute tutelle, il y a un subrogé tuteur, qui doit être choisi dans la ligne autre que celle à laquelle appartient le tuteur; si le tuteur est un parent paternel, le subrogé tuteur doit être un parent maternel ou un étranger, et réciproquement. Le subrogé tuteur est spécialement chargé d'exercer un contrôle sur la gestion du tuteur; il doit provoquer la nomination d'un nouveau tuteur lorsque la tutelle est vacante; il représente le mineur et remplit les fonctions du tuteur lorsque le mineur des intérêts opposés à ceux du tuteur.

Le subrogé tuteur peut encore provoquer la *destitution* du tuteur. La destitution peut être prononcée par le conseil de famille, lorsque le tuteur gère mal la fortune du mineur. Si le tuteur refuse de se soumettre à la décision du conseil de famille, le *tribunal de première instance* est appelé à prononcer.

Lorsque le mineur n'a plus ses père et mère, c'est le tuteur qui prend soin de sa personne et dirige son éducation.

Le tuteur est chargé d'administrer les biens appartenant au mineur et de représenter celui-ci dans tous les actes où il est intéressé. Le tuteur doit administrer les biens du mineur en *bon père de famille,* c'est-à-dire comme un propriétaire soigneux et diligent; il est responsable du dommage qu'il cause au mineur par sa mauvaise gestion.

Le tuteur doit, avant d'entrer en fonctions, faire un *inventaire,* ou état des biens du mineur, en présence du subrogé tuteur. Il doit faire vendre les meubles autres que ceux que le conseil de famille l'a autorisé à conserver. Le tuteur, autre que le père ou la mère, doit, au commencement de la tutelle, faire fixer par le conseil de famille la somme à laquelle pourra s'élever la dépense annuelle du mineur. Si la dépense annuelle ainsi fixée n'absorbe pas en totalité les revenus des biens du mineur, l'excédent doit être placé par le tuteur. Si, au moment où la tutelle s'ouvre, le mineur se trouve propriétaire de titres au porteur, le tuteur doit, dans les trois mois qui suivent l'ouverture de la tutelle, faire convertir les titres au porteur en titres nominatifs, afin d'en assurer la conservation[1].

Règles imposées au tuteur. — Pour les actes les moins importants, qu'on appelle *actes de simple administration,* le tuteur peut agir seul. C'est ainsi qu'il peut, sans formalités spéciales, *louer* ou *affermer* les biens du mineur, recevoir les revenus et même les capitaux. Le tuteur doit, dans le délai de trois mois,

1. Voir page 72.

faire emploi des capitaux appartenant au mineur; le subrogé tuteur est tenu de surveiller l'accomplissement de cette obligation par le tuteur.

Pour d'autres actes plus importants, le tuteur a besoin de l'*autorisation du conseil de famille*. Il ne peut, sans cette autorisation *accepter une succession* échue au mineur ou *y renoncer*. L'acceptation, si elle est autorisée, ne peut jamais avoir lieu que *sous bénéfice d'inventaire*[1]. L'effet de l'acceptation sous bénéfice d'inventaire est que le mineur qui accepte ainsi ne peut être tenu des dettes de la succession que jusqu'à concurrence des biens qu'il recueille. L'autorisation du conseil de famille est également nécessaire au tuteur pour *accepter* une *donation* faite au mineur, pour demander le *partage* d'une succession échue au mineur, pour former une demande en justice relative à un immeuble du mineur, enfin pour aliéner les créances, rentes, obligations, actions appartenant au mineur.

Dans d'autres cas, la délibération du conseil de famille doit être soumise au *tribunal de première instance*, et elle n'a d'effet qu'autant qu'elle a été approuvée par un jugement du tribunal. Le tuteur ne peut, sans la double condition de l'autorisation du conseil de famille et de l'approbation du tribunal, *emprunter* pour le mineur, *hypothéquer* ou *vendre* les immeubles du mineur. La vente des immeubles ne peut avoir lieu qu'avec des formalités particulières. La délibération du conseil de famille qui autorise l'aliénation de valeurs mobilières, créances, rentes, actions ou obligations, doit également être soumise à l'approbation du tribunal, lorsque la valeur des titres dépasse 1500 francs. Il y a enfin certains actes qui sont absolument interdits au tuteur; c'est ainsi qu'il lui est défendu d'acheter les biens du mineur. En pareil cas, en effet, l'intérêt du tuteur se trouvant en conflit avec celui du mineur, il serait à craindre que l'intérêt du mineur ne fût sacrifié.

La tutelle cesse par la majorité du mineur ou par son émancipation; elle cesse également par la mort du mineur. Lorsque la tutelle prend fin, le tuteur doit présenter le compte des recettes qu'il a opérées et des dépenses qu'il a faites pour le mineur. Le compte est rendu au mineur devenu majeur, ou au mineur anticipé assisté de son *curateur*, ou enfin aux héritiers du mineur, si la tutelle a pris fin par sa mort. Le compte doit être demandé

1. Voir plus loin p. 106.

dans les dix ans du jour où la tutelle a pris fin; ce délai expiré le tuteur ou ses représentants sont à l'abri de toute réclamation; c'est ce qu'on exprime en disant que l'action en reddition de compte se *prescrit* par dix ans.

VINGT-HUITIÈME LEÇON

ÉMANCIPATION — INTERDICTION

L'émancipation. — *L'émancipation a pour effet de donner au mineur, avant sa majorité, une capacité restreinte et de lui permettre d'administrer lui-même ses biens.*

L'émancipation résulte de plein droit du mariage : le mineur qui se marie est par cela même émancipé.

Lorsque le mineur a atteint l'âge de quinze ans, il peut être émancipé par son père, ou, si le père est mort, par sa mère. L'émancipation résulte d'une déclaration devant le juge de paix. Le mineur qui n'a plus ni père ni mère ne peut être émancipé qu'à dix-huit ans; l'émancipation résulte d'une délibération du conseil de famille et de la déclaration que fait le juge de paix, comme président du conseil de famille, que le mineur est émancipé.

L'émancipation fait cesser la tutelle et la puissance paternelle. Le mineur émancipé peut se choisir une résidence distincte de celle de ses père et mère. Il peut agir seul et n'est plus, comme le mineur non émancipé, représenté par un tuteur. Mais le conseil de famille nomme au mineur émancipé un *curateur* sans l'assistance duquel il ne peut faire certains actes.

Le mineur émancipé peut faire seul les actes de simple administration. L'assistance du curateur lui est nécessaire pour toucher ses capitaux, dont le curateur doit surveiller l'emploi, et pour recevoir le compte de tutelle. Pour certains actes, tels que l'*emprunt*, l'*hypothèque* et la *vente des immeubles*, le mineur émancipé doit suivre les mêmes formes que celles imposées au tuteur du mineur non émancipé.

Le mineur émancipé peut *faire le commerce*, à la condition d'être âgé de dix-huit ans, d'être autorisé par ses père et mère ou par une délibération du conseil de famille approuvée par le tribunal de première instance.

L'interdiction[1]. — L'interdiction judiciaire est une mesure légale prise pour sauvegarder les intérêts des personnes qui, se trouvant dans un état habituel d'imbécillité, de démence ou de fureur, ne peuvent administrer elles-mêmes leur patrimoine.

Procédure. — Ce sont les parents ou, dans certains cas, le ministère public, qui font la demande d'interdiction et, après avis du conseil de famille et enquête, c'est le tribunal civil qui prononce le jugement d'interdiction.

Les effets. — L'interdit est placé en tutelle comme le mineur, et l'on suit, à peu de chose près, les mêmes règles.

L'interdit est privé de l'exercice de ses droits civils dont il ne conserve que la jouissance ; dans tous les actes de la vie civile il doit être assisté de son tuteur.

Tout acte accompli par un interdit est nul de plein droit, et cet acte doit être annulé par les tribunaux, sans que l'interdit soit obligé de faire la preuve de la lésion, comme il arrive pour le mineur.

Aliénés placés dans un asile. — Sans être interdit, un individu frappé d'aliénation mentale peut être interné dans un asile d'aliénés.

La *loi du 30 juin 1838* détermine les conditions nécessaires pour opérer cet internement et les conséquenees qui en résultent :

1° Il faut une demande écrite d'un parent, ou simplement d'un ami, relatant l'identité très exacte de la personne à interner ;

2° Un certificat médical doit être joint à cette demande écrite.

Cette facilité avec laquelle la loi du 30 juin 1838 permet de faire interner une personnne a donné lieu à de graves abus et il est question de reviser cette loi.

La gestion des intérêts d'un aliéné placé dans un asile est confiée à plusieurs personnes :

1° Un administrateur provisoire, membre de la Commission administrative de l'asile ;

2° Le receveur de l'asile ;

3° Un mandataire spécialement désigné pour soutenir les procès en justice s'il y avait lieu ;

1. On ne doit pas confondre l'*interdiction judiciaire* organisée en vue de protéger un incapable avec l'*interdiction légale*, qui est une peine accessoire infligée à un condamné à une peine afflictive et infamante.

4° Un curateur à la personne.

L'aliéné placé dans un asile est complètement incapable de faire un acte de la vie civile; comme pour l'interdit, ceux qu'il accomplirait seraientenuls de plein droit.

Prodigues et faibles d'esprit. — Enfin il y a des personnes qui, sans avoir perdu complètement la raison, sont faibles d'esprit ou affligées de quelques manies qui les amèneraient à compromettre leurs intérêts; d'autres n'ont pas la notion de la valeur de l'argent et ils dépensent sans compter, à tort et à travers.

La loi permet d'adjoindre à ces incapables une personne, appelée *conseil judiciaire*, qui est placée près d'eux pour les autoriser ou non à accomplir un certain nombre d'actes : plaider, emprunter, recevoir de l'argent, vendre ou hypothéquer.

L'incapacité du prodigue et du faible d'esprit est à peu près la même que celle du mineur émancipé.

II

LES BIENS

VINGT NEUVIÈME LEÇON

DISTINCTION DES BIENS : MEUBLES ET IMMEUBLES

Les biens. — *On appelle biens toutes les choses qui sont susceptibles de procurer à une personne un avantage propre et exclusif.*

Il y a des choses qui ne sont pas des biens, parce qu'elles ne sont pas susceptibles d'appartenir en propre à une personne, qu'elles servent à l'utilité commune : ainsi l'air, la lumière, la mer.

L'ensemble des biens appartenant à une personne constitue son *patrimoine*.

La division fondamentale des biens est la division en *meubles* et *immeubles*. Cette division se tire de la nature même des choses : il y a des choses qui peuvent se transporter ou être transportées d'un lieu à un autre, un cheval, une voiture ; ces choses-là sont des meubles. Il y a d'autres choses qui n'ont point ce caractère, un champ par exemple ; ces choses sont des immeubles.

Les immeubles. — Les immeubles sont d'abord les fonds de terre et les bâtiments.

Ainsi la maison que vous habitez est un immeuble ; le champ que l'on cultive est un immeuble. Ce sont les *immeubles par leur nature.*

Le caractère d'immeuble a été attribué à certains objets, mobiliers de leur nature, parce qu'ils servent au service ou à l'exploitation d'un fonds de terre, ou parce qu'ils ont été attachés à ce fonds d'une manière permanente. Les animaux, chevaux, bœufs, etc., que le propriétaire d'une ferme y a placés pour l'exploitation, pour la culture, deviennent immeubles, comme accessoires du fonds de terre. De même les ustensiles aratoires, les pressoirs, chaudières qui se trouvent dans une ferme, les tableaux et ornements encadrés dans les boiseries d'un appartement sont immeubles. Cette seconde classe forme ce qu'on appelle les *immeubles par destination.*

Enfin les droits qui ont pour objet un immeuble sont considérés par la loi comme des immeubles. Ce sont les *immeubles par l'objet auquel ils s'appliquent.* L'usufruit d'un immeuble, une servitude sur un immeuble, sont des immeubles par l'objet lauquel ils s'appliquent.

Les meubles. — Les *meubles par leur nature* sont les objets susceptibles de se transporter d'un lieu à un autre; les animaux sont des meubles, à moins, comme nous l'avons dit plus haut, qu'ils ne soient affectés au service ou à l'exploitation d'un fonds qu'ils ne deviennent ainsi immeubles par destination. Sont également meubles tous les objets qui garnissent une maison, chaises, lit, etc.

Outre les meubles par leur nature, il y a des *meubles par la détermination de la loi.* Ce sont les droits qui ont pour objet une *chose mobilière.* Tous les droits qui ont pour objet une somme d'argent sont des meubles, parce qu'une somme d'argent est une chose essentiellement mobilière. J'ai prêté 1000 fr. à Pierre; j'ai contre Pierre un *droit de créance* qui a pour objet le remboursement de cette somme de 1000 fr.; ce droit de créance est un droit mobilier, un meuble. Je suis *associé* avec d'autres personnes pour l'exploitation d'un fonds de commerce, d'une industrie quelconque; ma part dans la société est un droit mobilier, un meuble, parce qu'elle a pour objet une somme d'argent, bénéfice qui sera réalisé dans les opérations sociales. C'est également dans la classe des meubles par la détermination de la oi qu'il faut comprendre les *rentes sur l'État*, les *actions* des compagnies de chemins de fer ou autres sociétés industrielles, actions qui ne sont du reste qu'une part sociale, enfin les *obligations* émises par les mêmes compagnies, obligations qui constituent, au profit de celui à qui appartient le titre, un droit de créance contre la compagnie qui l'a émis. Ces différentes valeurs sont habituellement désignées sous la dénomination de *valeurs mobilières.*

Titres nominatifs et titres aux porteurs. — Les actions, les obligations ou les rentes sur l'État sont dits *titres nominatifs* lorsqu'ils portent le nom du propriétaire, et *titres au porteur* lorsqu'ils ne mentionnent pas ce nom. Les titres au porteur sont très facilement négociables puisque celui qui les détient, qui les *porte*, peut les vendre ou les faire vendre sur simple présentation.

TRENTIÈME LEÇON

DROITS RÉELS ET PERSONNELS

Distinction fondamentale. — Le droit *réel* est celui qui s'exerce directement sur une chose déterminée. Exemple : Je suis propriétaire d'une maison. Je l'habite ou je la donne en location, je la vends, je la transforme à mon gré sans demander l'avis de personne, de sorte que le droit réel a créé un rapport entre moi, titulaire du droit, et une chose, une maison dans l'espèce, objet du droit.

Au contraire, le droit personnel qu'on appelle encore *droit de créance* établit un rapport entre deux personnes, le titulaire du droit ou *créancier* et le sujet passif du droit ou *débiteur*, pour fournir une chose ou accomplir un fait qui forme l'objet du droit. Exemple : j'ai prêté 500 francs à Paul, à la condition qu'il me rendra cette somme à une date déterminée, soit au 1er janvier prochain. J'ai contre Paul un droit de créance de 500 francs. Au 1er janvier prochain, exigerai-je de Paul qu'il me rende les *mêmes* 500 francs que je lui ai prêtés? Nullement, il suffira qu'il s'acquitte d'une somme équivalente, sinon je peux faire saisir ses biens, les faire vendre et, sur le produit de la vente, me faire payer la somme que je lui ai avancée.

Le droit réel est plus avantageux que le droit personnel parce qu'il entraîne avec lui deux droits importants : le *droit de préférence* et le *droit de suite*.

Exemple : j'ai prêté 1000 francs à un commerçant. I est déclaré en faillite. Le droit personnel ou de créance que j'ai contre lui ne me permet que de venir en concurrence avec les autres créanciers, et si l'actif est inférieur au passif je ne toucherai qu'une partie de la somme qui m'est due, soit 10, 15, 20 ou 30 pour 100. Si au contraire, chez le même commerçant, j'ai mis en dépôt des marchandises ou des meubles dont je suis resté le propriétaire, je pourrai exercer mon droit de *préférence* à tous les autres créanciers en réclamant mes marchandises ou mes meubles. Bien mieux, si ce commerçant avait transporté ou vendu meubles ou marchandises chez une autre personne, je pourrais encore exercer un droit de *suite*, c'est-à-dire que je pourrai *suivre* les objets sur lesquels j'ai un droit réel, entre les mains de ceux qui les détiennent, même s'ils avaient été de bonne foi en croyant le commerçant propriétaire de ces objets.

Alors que les droits personnels peuvent varier à l'infini, les droits réels sont limités :

1° *Au droit de propriété*;

2° *Aux divers démembrements de la propriété.*

Les principaux démembrements de la propriété que nous étudierons sont :

1° *L'usufruit*;

2° *Les servitudes*;

3° *Les hypothèques et les privilèges*[1].

TRENTE ET UNIÈME LEÇON

DU DROIT DE PROPRIÉTÉ

La propriété. — *La propriété est le droit de jouir et de disposer des choses de la manière la plus absolue, sous les modifications établies par la loi.*

Le droit de jouir est le droit de recueillir tous les produits de la chose, d'en tirer tous les avantages qu'elle peut procurer. Je suis propriétaire d'un champ, je le cultive et j'en recueille les produits; ou bien je le loue à un fermier qui me payera une redevance en argent ou en nature. Je suis propriétaire d'une maison; je l'habite moi-même ou je la loue, et j'en touche le loyer. J'exerce ainsi le droit de jouir de la chose, qui est le premier attribut de la propriété.

Le droit de disposer consiste dans la faculté d'aliéner, c'est-à-dire de transmettre la chose à une autre personne, ou même de la détruire, si le propriétaire le juge convenable. Je suis propriétaire d'un domaine; je le vends à une autre personne, qui

1. Nous les étudierons plus loin, p. 96 à propos des contrats.

en devient propriétaire à ma place; ou bien je suis propriétaire d'une maison, et je la fais démolir : dans l'un et l'autre cas, j'use du droit de disposer, qui est le second attribut de la propriété.

Le droit de propriété est absolu de sa nature : toutefois certaines restrictions sont apportées à l'exercice de ce droit, soit dans un intérêt général, soit dans un intérêt privé.

Modes d'acquisition de la propriété. — La propriété s'acquiert : 1° par l'occupation; 2° par l'accession; 3° par succession; 4° par prescription; 5° par certaines conventions à titre gratuit ou à titre onéreux.

Occupation. — Le droit du premier *occupant* consiste à s'emparer le premier d'une chose qui n'appartient à personne. On conçoit aisément que, d'un usage fréquent dans les sociétés primitives, ce droit du premier occupant ne trouve guère son application de nos jours, qu'à la pêche, à la chasse, dans la découverte d'un trésor ou dans l'exploration de terres peu connues, comme celles des deux pôles.

Accession. — En principe, d'après le Code civil, tout ce qui s'unit ou s'incorpore à une chose appartient au propriétaire de cette chose. Exemples : les terres d'alluvion appartiennent aux riverains d'un cours d'eau. Je possède un champ que je ne visite pas souvent; un jour j'aperçois sur ce champ une maison, construite à mon insu, avec des matériaux qui ne m'appartiennent pas, cette maison sera ma propriété parce qu'elle est incorporée au sol dont je suis propriétaire.

Succession. — Nos étudierons plus loin ce mode d'acquisition.

Prescription. — La prescription est un mode d'acquérir la propriété des immeubles par une possession prolongée, 10, 20 ou 30 ans et sous certaines conditions légales. Exemple : j'achète un immeuble à un individu que je crois propriétaire de cet immeuble et qui, en réalité, ne l'est pas. Au bout de 10 ans de possession, j'en deviens propriétaire parce que j'ai un *juste titre* et que je suis de *bonne foi*, si le véritable propriétaire est domicilié dans le ressort de la Cour d'appel où est situé l'immeuble. Il me faudrait 20 ans de possession si le propriétaire était domicilié hors de ce ressort.

Le possesseur qui n'a ni juste titre ni bonne foi doit posséder l'immeuble pendant 30 ans avant d'en acquérir la propriété.

La prescription s'explique de ce fait qu'il suffit de démontrer simplement qu'on a possédé un immeuble pendant 30 ans, ou que celui qui vous a cédé cet immeuble l'a possédé pendant ce même temps, sans être obligé de remonter à l'origine, c'est-à-dire au premier occupant.

Certaines conventions. — On peut encore acquérir la propriété a titre gratuit par une donation entre vifs, ou à titre onéreux par la vente ou l'échange.

Dans la donation, les parties *conviennent* que l'une recevra une chose d'une certaine valeur sans en donner une autre d'une valeur équivalente.

Dans la vente et l'échange, au contraire, chacune des deux parties contractantes reçoit l'équivalent de ce qu'elle donne.

Expropriation pour cause d'utilité publique. — Parmi les restrictions établies dans un intérêt général, il faut citer d'abord l'*expropriation pour cause d'utilité publique.* Lorsque l'État, le département ou la commune exécutent des travaux, et que les propriétaires sur la propriété desquels les travaux doivent s'exécuter refusent d'abandonner volontairement leur terrain, on peut les contraindre à céder leur propriété au moyen de l'expropriation pour cause d'utilité publique. Le propriétaire reçoit une indemnité fixée par un jury spécial, et l'administration qui fait exécuter les travaux ne peut se mettre en possession qu'après le payement de l'indemnité.

Autres restrictions. — C'est également par des motifs d'intérêt général que certaines charges sont imposées à la propriété. Le propriétaire dont le fonds est riverain d'un cours d'eau qui sert à la navigation doit laisser sans construction et sans clôture l'espace réservé au *chemin de halage*, par lequel se fait le tirage des bateaux. Il est de même interdit de construire à une certaine distance des remparts des places de guerre ; cette interdiction a pour but d'assurer la défense de la place.

Parmi les restrictions apportées à l'exercice du droit de propriété dans un intérêt privé, nous citerons les formes imposées pour la vente des biens appartenant aux mineurs.

De la propriété littéraire et artistique. — Les auteurs et les artistes ont un droit exclusif sur leurs ouvrages ou leurs œuvres d'art.

Ils ont la faculté de poursuivre celui qui reproduirait tout ou partie de leurs œuvres sans y être autorisé.

Ce droit n'est pas perpétuel. Après la mort de l'auteur ou de l'artiste le produit de ses œuvres profite au conjoint survivant ou à ses héritiers pendant 50 ans seulement. Après ce délai les œuvres littéraires et artistiques tombent dans le domaine public et chacun est libre de les exploiter à son gré.

Propriété industrielle. — La propriété industrielle est le droit que la loi accorde au commerçant où à l'industriel en protégeant les brevets d'invention, les marques de fabrique ou de commerce, les dessins et modèles industriels et le nom commercial.

Un inventeur a trouvé par exemple un nouveau moteur qui peut apporter une révolution économique dans l'art nouveau de l'aviation. Il demande au ministre du commerce un certificat ou *brevet d'invention* constatant qu'il est bien le premier à avoir trouvé le nouveau moteur. Pendant 15 ans, l'inventeur aura le droit exclusif d'exploiter son invention, soit au point de vue de la vente, soit au point de vue de la fabrication.

Les *marques de fabrique ou de commerce* sont des emblèmes, images ou autres signes apposés sur certains produits attestant que ces produits sortent bien de tel fabricant ou de tel commerçant.

On distingue le *dessin* du *modèle* en ce sens que le dessin industriel est un ensemble de lignes et de couleurs sur une surface plane, papier ou étoffe, tandis que le modèle, qui est bien aussi une combinaison de lignes et de couleurs, offre en outre des façons saillantes dans l'espace. Exemples : *dessin* pour papier peint, *modèle* d'une pendule.

Le dépôt de la marque de fabrique, des dessins et des modèles doit se faire au greffe du conseil des prud'hommes.

Le *nom commercial* et le *nom des localités* sont protégés, contre les contrefaçons sans aucune formalité.

TRENTE-DEUXIÈME LEÇON

DÉMEMBREMENTS DE LA PROPRIÉTÉ
L'USUFRUIT

Usufruit. — *L'usufruit est le droit de jouir des choses dont un autre à la propriété, comme le propriétaire lui-même, mais à la charge de conserver la substance de la chose.*

Il peut arriver que la propriété soit temporairement démembrée, que le droit de jouir de la chose soit attribué à une personne qui n'a point les autres avantages de la propriété. On appelle *usufruitier* celui qui a ainsi le droit de jouir de la chose sans en avoir la propriété. La propriété dont l'usufruit est détaché s'appelle *nue propriété*; celui à qui appartient la chose grevée d'usufruit est le *nu propriétaire.* La séparation de l'usufruit et de la nue propriété n'est jamais que temporaire : l'usufruit s'éteint nécessairement à la mort de l'usufruitier et fait retour à la propriété, qui redevient ainsi pleine propriété.

L'usufruit peut s'établir par une *vente* : je puis acheter l'usufruit d'une maison, d'un domaine, d'un champ. Plus souvent l'usufruit s'établit par *donation* ou par *testament.* Ainsi un mari qui, sans vouloir dépouiller ses héritiers de la propriété de ses biens, veut assurer, après sa mort, l'aisance à sa femme, lui donnera ou lui léguera l'usufruit d'une partie de ses biens. La loi elle-même crée au profit de certaines personnes un droit d'usufruit : nous avons vu que les père et mère avaient l'usufruit légal des biens de leurs enfants jusqu'à dix-huit ans ou jusqu'à leur émancipation.

L'usufruitier a droit à tous les fruits que produit la chose; il a droit aux récoltes que donne la terre s'il la cultive lui-même, au fermage si la terre est louée; il peut habiter la maison dont il a l'usufruit; si elle est louée, il en touche le loyer.

L'usufruitier peut donner à bail la maison ou la terre dont il a l'usufruit; mais les *baux* qu'il consent ne peuvent lier le nu propriétaire pour plus de neuf années après l'extinction de l'usufruit.

L'usufruitier doit faire, avant son entrée en jouissance, un *inventaire des meubles* et un *état des immeubles soumis à l'usufruit.* Il doit en général *fournir caution de jouir en bon père de famille*, c'est-à-dire présenter une personne solvable qui s'engage envers le nu propriétaire à l'indemniser au cas où l'usufruitier détériorerait ou laisserait dépérir la chose dont il a l'usufruit. Pendant la durée de son usufruit, l'usufruitier est tenu de faire aux immeubles les réparations d'entretien et de payer les impôts qui grèvent la chose, doit acquitter toutes les charges qui d'ordinaire se payent sur les revenus.

L'usufruit s'éteint par l'expiration du temps pour lequel il a été établi, et en tout cas par la mort de l'usufruitier; il s'éteint également par la réunion sur la même tête des qualités d'usufruitier et de nu propriétaire, par le non-usage pendant trente ans ou par la renonciation de l'usufruitier à son droit, par la perte de la chose sur laquelle le droit d'usufruit est établi. Les tribunaux peuvent en outre prononcer contre l'usufruitier la déchéance de son droit pour abus de jouissance, lorsqu'il dégrade la chose ou la laisse dépérir faute d'entretien.

TRENTE-TROISIÈME LEÇON

LES SERVITUDES

La servitude est une charge imposée à un fonds pour l'usage et l'utilité d'un fonds appartenant à un autre propriétaire.

Paul est propriétaire d'une maison voisine d'une pièce de terre appartenant à Jacques; Paul acquiert de Jacques le droit de passer par la pièce de terre appartenant à Jacques; Paul acquiert une servitude sur le fonds de Jacques. Le droit de propriété de Jacques n'est plus intact, puisque Jacques ne pourra transmettre le fonds à un autre qu'à la charge par ce dernier de respecter la servitude consentie à Paul.

On appelle *fonds dominant* celui au profit duquel existe a servitude, *fonds servant* celui qui en est grevé.

Il y a des servitudes qui dérivent de la situation naturelle des lieux, d'autres qui sont établies directement par la loi, d'autres enfin qui résultent du fait de l'homme, c'est-à-dire de la volonté même des propriétaires.

Parmi les servitudes qui dérivent de la situation des lieux, il faut signaler certaines dispositions relatives aux eaux, dispositions fort importantes pour l'agriculture : irrigation, drainage.

En premier lieu, les fonds inférieurs sont assujettis à recevoir les eaux qui découlent naturellement des fonds supérieurs.

Jacques a une pièce de terre qui se trouve plus bas qu'une autre pièce de terre appartenant à Pierre; Jacques ne pourra établir ni digue ni obstacle pour empêcher les eaux qui découlent naturellement de la pièce de terre de Pierre de venir sur son terrain, mais de son côté Pierre ne pourra faire de travaux qui, en accumulant les eaux, rendraient plus onéreuse la charge imposée à son voisin.

Le propriétaire qui a une *source* dans son fonds peut en principe en disposer comme il l'entend. Mais il est tenu de laisser l'usage de l'eau aux voisins, lorsque ceux-ci ont acquis ce droit par un titre quelconque, vente, partage, etc., ou lorsqu'ils ont joui de l'eau de la source pendant trente ans depuis le jour où ils ont fait et terminé des travaux apparents destinés à faciliter la chute et le cours de l'eau dans leur propriété. Le propriétaire d'une source ne peut non plus en changer le cours, lorsque l'eau est nécessaire aux habitants d'une commune, village ou hameau.

Certains droits sont également accordés aux propriétaires riverains des petits cours d'eau, c'est-à-dire de ceux qui ne sont point *navigables*, ni même *flottables*. Sur les cours d'eau navigables et flottables, aucune prise d'eau ne peut avoir lieu qu'en vertu d'une permission de l'administration. Au contraire, les riverains des cours d'eau qui ne sont ni navigables, ni flottables peuvent se servir de l'eau. Si ma propriété est traversée par un petit cours d'eau, qui n'est ni navigable ni flottable, je puis me servir de l'eau à ma volonté, à la seule condition de la rendre à son cours naturel à la sortie de ma propriété. Si la rivière borde ma propriété, c'est-à-dire si je suis riverain d'un seul côté, je ne puis me servir de l'eau que pour l'irrigation de ma propriété.

Bornage. — C'est également dans les servitudes dérivant de la situation naturelle des lieux que la loi fait rentrer le bornage. Le bornage est une opération qui consiste à déterminer, au moyen de *bornes*, les limites de deux propriétés. Le bornage évite des difficultés de voisinage malheureusement trop fréquentes. Tout propriétaire peut contraindre son voisin à procéder à frais communs au bornage.

Mitoyenneté. — Parmi les servitudes établies par la loi, il faut signaler d'abord la mitoyenneté. Les murs qui servent de séparation entre bâtiments jusqu'à la hauteur du bâtiment le moins élevé, les murs qui séparent des cours ou des jardins, ou d'autres terrains enclos, sont réputés appartenir en commun aux propriétaires des deux bâtiments ou des terrains enclos. Ces murs sont présumés *mitoyens*, parce qu'ils servent à l'utilité commune des deux propriétaires. La présomption de mitoyenneté peut du reste cesser si les titres de propriété attribuent à l'un des voisins la propriété exclusive du mur, ou s'il existe certains signes extérieurs indiquant que le mur appartient à un seul des deux propriétaires voisins.

Le propriétaire qui joint un mur appartenant à son voisin, et qui veut y adosser des constructions, peut acquérir la mitoyenneté, en remboursant la moitié de la valeur du mur et la moitié de la valeur du sol sur lequel le mur est construit.

Celui qui est copropriétaire du mur mitoyen peut adosser contre ce mur des constructions; mais il ne peut, sans le consentement du voisin copropriétaire, pratiquer dans le mur des fenêtres ou des jours d'aucune espèce. La réparation du mur ou sa reconstruction, si elle devient nécessaire dans l'intérêt commun, est à la charge de tous les copropriétaires du mur, proportionnellement à leurs droits.

Plantations. — Certaines règles sont prescrites pour les distances à observer quant aux plantations et aux vues sur la propriété du voisin.

Les règlements et usages locaux, s'il en existe, déterminent à quelle distance de la propriété du voisin il est permis de planter des arbres ou des haies vives. A défaut de règlements et usages, la distance fixée par la loi est de deux mètres pour les arbres dont la hauteur dépasse deux mètres, d'un demi-mètre pour les autres plantations. Si les arbres de mon voisin sont à une distance moindre que la distance légale, je puis exiger qu'ils soient arrachés ou réduits à la hauteur de deux mètres. Si les branches des arbres même plantés à la distance légale s'étendent sur ma propriété, je puis contraindre mon voisin à *élaguer* ses arbres, c'est-à-dire à réduire les branches de telle façon qu'elles ne dépassent pas la limite de sa propriété. Je puis couper moi-même les racines des arbres du voisin, si elles pénètrent dans mon fonds.

Vues. — Pour les vues, voici les règles tracées par la loi : celui qui est propriétaire exclusif d'un mur joignant immédiatement le fonds voisin peut y pratiquer des *jours de souffrance*. Les jours de souffrance doivent être à une certaine hauteur du plancher; ils doivent être fermés et garnis d'un treillis de fer. Les *jours ouvrants*, ou fenêtres, ne peuvent être pratiqués qu'à la distance de 19 décimètres (six pieds) pour les vues droites et de six décimètres (deux pieds) pour les vues obliques.

Enfin le propriétaire dont le fonds est *enclavé*, c'est-à-dire n'a aucun accès à la voie publique, peut réclamer, pour l'exploitation de sa propriété, un passage sur les terres qui le séparent de la voie publique. L'assiette du passage est, en cas de contestation, déterminée par les tribunaux. Le propriétaire enclavé doit une *indemnité* au propriétaire sur le fonds duquel le passage s'exerce.

Indépendamment des servitudes dérivant de la situation des lieux et des servitudes légales, les particuliers peuvent établir entre leurs fonds des servitudes de diverse nature : droits de passage, droits de vue, droits de conserver des arbres à une distance moindre que la distance légale, etc. Les servitudes peuvent s'établir par *titre*, c'est-à-dire par un acte de *vente*, de *partage*, par *donation*, par *testament*. Certaines servitudes peuvent même s'établir par *prescription*, c'est-à-dire par l'usage de la servitude continué pendant trente ans.

La servitude s'éteint lorsque le fonds servant et le fonds dominant se trouvent appartenir au même propriétaire. Pierre, qui a une servitude de passage sur le fonds de Jacques, achète la propriété de Jacques; la servitude de passage sera éteinte, car Pierre ne peut avoir une servitude sur une chose dont il est propriétaire. La servitude s'éteint également par le *non-usage* pendant trente ans. Si Pierre, qui a la servitude de passage sur le fonds de Jacques, reste trente ans sans en user, la servitude se trouvera éteinte par ce seul fait.

TROISIÈME ANNÉE D'ÉTUDES

DROIT PRIVÉ (Suite)

ÉCONOMIE POLITIQUE

III

DES CONTRATS & DES OBLIGATIONS

PREMIÈRE LEÇON

CONTRATS ET OBLIGATIONS

Sources des obligations contractuelles et non contractuelles. — Les causes principales qui donnent naissance aux obligations sont : les *contrats*, les *délits*, les *quasi-contrats*, les *quasi-délits* et la *loi*.

Convention. — On appelle convention l'accord de deux ou plusieurs personnes dont la volonté se réunit pour produire un effet de droit.

Contrat. — Le contrat est la convention qui a pour objet la transmission de la propriété ou la création d'une obligation.

Obligation. -- L'obligation est un lien de droit qui nous astreint envers une personne à donner, à faire ou à ne pas faire quelque chose.

Liberté des conventions. — L'élément essentiel du contrat est l'accord des volontés, le *consentement*. Je suis propriétaire d'une maison; je veux vous la vendre, vous voulez l'acheter; nos deux volontés se rencontrent; il y a consentement : par suite le contrat est formé.

Le consentement doit être libre, éclairé, exempt d'erreur. Le contrat serait nul si le consentement de l'une des parties avait été extorqué par *violence*, surpris par *dol*, c'est-à-dire par des manœuvres employées par l'une des parties pour déterminer l'autre à contracter, ou encore s'il y avait eu *erreur* sur les qualités essentielles de la chose qui fait l'objet du contrat. Un marchand me vend comme étant en or une chaîne en argent doré; la vente est nulle, parce que j'ai été induit en erreur sur la qualité substantielle de la chose.

De la capacité de contracter. — Le contrat n'est valable que si les parties avaient la *capacité* nécessaire pour contracter. Ainsi le contrat fait par un mineur en tutelle pourrait être annulé, s'il lui était préjudiciable.

Le contrat peut avoir pour effet de transférer la propriété; c'est une règle essentielle de notre droit que la propriété se transfère par le seul consentement. Pierre vend sa maison à Paul; Paul devient immédiatement propriétaire de la maison.

Le contrat peut avoir pour effet de produire une obligation à la charge d'une seule des parties, comme dans le prêt où l'emprunteur est seul obligé. On dit alors que le contrat est *unilatéral*. Il peut aussi produire des obligations réciproques à la charge de chacune des parties, comme dans la vente, le contrat est alors appelé contrat *synallagmatique* [1].

L'obligation suppose un rapport entre deux personnes au moins : on appelle *créancier*, nous l'avons vu, celui au profit de qui existe l'obligation; *débiteur*, celui qui en est tenu. Paul a emprunté 10 000 francs à Jacques; Jacques est créancier et Paul est débiteur de 10 000 francs. Voilà l'obligation.

L'obligation confère au créancier le droit de contraindre le débiteur, même par les voies judiciaires, à l'exécution de son engagement.

L'obligation est *conditionnelle*, lorsque sa naissance ou son extinction est subordonnée à un événement futur et incertain. Elle est *à terme*, lorsque son exécution est retardée pendant un certain temps. J'emprunte 10 000 francs remboursables dans dix ans; c'est une obligation à terme. Tant que le terme n'est pas échu, le créancier ne peut poursuivre l'exécution de l'obligation contre le débiteur. Enfin on dit que l'obligation est *solidaire*, lorsque le créancier a plusieurs débiteurs, tenus chacun pour le tout envers lui, mais de manière que le payement fait par l'un libère les autres. Pierre et Paul doivent solidairement 10 000 francs à Jacques. Jacques peut demander en totalité les 10 000 francs à Paul ou à Pierre. Mais si l'un des deux paye la totalité, la dette est éteinte. Celui qui a payé peut avoir un recours contre

1. Ce mot vient d'un mot grec qui signifie *échange*.

son *codébiteur*, pour la part que celui-ci devait acquitter dans la dette.

Délit. — Le délit est un acte illicite, dommageable, commis avec l'intention de nuire et qui *oblige* celui qui s'en est rendu coupable à réparer cet acte. Si le délit apporte un trouble grave à la société, la loi intervient et punit le coupable, outre la réparation du dommage, d'une peine correctionnelle ou pécuniaire. On dit alors que c'est un *délit criminel*. Si le dommage est moins grave et d'ordre privé, la loi exige une indemnité de la part du coupable. C'est le *délit civil*.

Quasi-contrat. — Le quasi-contrat est un acte permis, volontaire, exécuté par une personne et qui oblige une autre personne au profit de la première et bien qu'il n'y ait eu entre ces deux personnes aucune convention.

Exemple : j'ai payé, par erreur, à une personne une somme d'argent que je ne lui devais pas, cette personne a l'obligation de me rendre l'argent qu'elle a indûment reçu.

Quasi-délit. — C'est, comme le délit, un acte dommageable, mais il en diffère en ce qu'il est commis sans intention de nuire, il peut être, par exemple, dû à une simple négligence.

La loi. — Dans certains cas, la loi peut créer des obligations entre plusieurs personnes, telle est, par exemple, la loi sur l'obligation alimentaire que nous avons déjà étudiée.

Dans d'autres cas encore, la loi rend *responsable* non seulement celui qui a causé un dommage, mais encore la personne qu'elle a chargée de la surveillance d'autres personnes. Exemples : le père et la mère sont responsables des actes de leurs enfants mineurs, le patron de ceux commis par ses ouvriers ou par ses apprentis, etc. C'est l'objet même des articles 1382, 1384, 1385 et 1386 du Code civil.

DEUXIÈME LEÇON

ACTE AUTHENTIQUE ET ACTE SOUS SEING PRIVÉ

Preuve des obligations. — Il y a deux modes de preuve des obligations : la preuve *littérale* et la preuve *testimoniale.*

La *preuve littérale* ou écrite se constate par des actes *authentiques* ou par des actes sous *seing privé.*

Les actes authentiques sont ceux qui sont rédigés par un officier public et d'après des formalités légales, tels sont les actes de l'état civil dont nous avons parlé.

Les actes sous seing privé sont rédigés par les parties elles-mêmes, ou par une personne qui n'a aucun caractère légal.

S'il s'agit d'un contrat synallagmatique, les actes doivent être rédigés en autant d'originaux qu'il y a de parties ayant un intérêt particulier, et sur chacun des actes mention est faite du nombre d'actes rédigés. Ainsi, pour la vente d'un immeuble, il y a deux actes, l'un pour le vendeur, l'autre pour l'acheteur. L'acte authentique fait foi de sa date et des faits, que l'officier public reconnaît avoir vus, constatés ou accomplis.

L'acte sous seing privé ne fait foi de sa date que s'il a été *enregistré.*

La *preuve testimoniale* ou par témoins n'est pas en grande faveur parce que les témoins peuvent être subornés ou se souvenir imparfaitement. Elle n'est même pas recevable lorsqu'il s'agit d'un acte juridique supérieur à 150 francs ou lorsqu'elle est en contradiction avec un acte écrit. Pourtant en matière commerciale la preuve testimoniale est recevable lorsqu'elle est appuyée par la présentation de lettres missives, de registres ou livres de commerce.

De l'enregistrement des actes écrits. — L'enregistrement est la mention d'un acte portée sur un registre spécial établi par la loi.

Les droits exigés pour l'enregistrement d'un acte offrent cette particularité qu'ils tiennent à la fois de l'*impôt direct*, puisqu'ils sont dus nominativement par un contribuable, et de l'*impôt indirect*, puisqu'ils ne sont dus qu'à l'occasion de l'accomplissement d'un acte et pour un service rendu.

Le service rendu aux particuliers par l'enregistrement réside en ceci qu'il donne *date certaine* à l'égard des tiers aux actes sous seing privé et qu'il prévient les fraudes ou les antidates pour les actes authentiques.

Il y a deux sortes de droits d'enregistrement : les droits *fixes*, dus pour tous les actes, et les droits *proportionnels*, pour les actes impliquant un mouvement de valeurs, comme la vente d'un immeuble.

Il va de soi que les droits proportionnels pour l'enregistrement d'un acte de vente seront cinq fois plus considérables pour un immeuble d'une valeur de 50.000 francs que pour un immeuble estimé 10.000 francs.

Droits de mutation. — Les droits d'enregistrement perçus à l'occasion des actes écrits portent le nom de *droits d'actes*, mais il existe certaines conventions verbales qui ne comportent pas d'actes et pour lesquelles il est perçu des droits, ce sont les *droits de mutation*. Il en est de même pour certaines conventions écrites non présentées à l'enregistrement. L'administration a le droit de rechercher ces conventions afin de les soumettre à la perception des droits.

Modes d'extinction des obligations. — Les principaux modes d'extinction sont les suivants :

Le paiement. — C'est l'exécution normale de l'obligation. Il faut comprendre ce mot au sens large du droit, il ne s'agit pas seulement de *payer* en argent, mais d'exécuter l'obligation d'après les conventions des parties.

Le paiement doit se faire au domicile du débiteur.

Les frais du timbre de quittance, 0 fr. 10 sont à la charge du débiteur.

Le créancier peut, en principe, refuser un paiement partiel, mais le tribunal peut accorder un délai de grâce au débiteur malheureux et l'autoriser à payer en acomptes successifs.

Il peut arriver qu'un créancier refuse un paiement. Dans ce cas le débiteur doit faire renouveler l'offre de payer au domicile du créancier par un notaire ou un huissier, c'est ce qu'on appelle une *offre réelle*. Si le créancier continue à refuser l'offre ainsi faite, le débiteur, s'il s'agit d'une somme d'argent, la dépose, ou la consigne, d'où le mot *consignation*, à la Caisse des Dépôts et Consignations, à Paris, à la Trésorerie générale ou chez le

Receveur particulier des finances, en province, après en avoir avisé le créancier.

La dation en paiement. — Le débiteur offre au créancier, qui l'accepte, une chose à la place de l'argent dû.

La novation. — La novation éteint une obligation en en faisant naître une *nouvelle*, soit en changeant d'objet, soit en changeant de débiteur ou de créancier.

La compensation. — Le débiteur est devenu, par exemple, créancier de son créancier, pour une somme égale.

La confusion. — Le débiteur hérite de son créancier ou vice versa.

La perte de la chose due, pour cas de force majeure.

La prescription extinctive de courte ou de longue durée.

La remise de la dette par la renonciation du créancier de tout ou partie de son droit.

TROISIEME LEÇON

LA VENTE ET LE LOUAGE

La vente. — *La vente est un contrat par lequel une personne, le vendeur, transfère ou s'oblige à transférer la propriété d'une chose à une autre personne, l'acheteur, qui s'oblige à payer le prix.*

La vente d'un objet certain et déterminé en transfère la propriété. Toutefois, pour les immeubles, l'effet complet de la vente est subordonné à la formalité de la *transcription*; l'acte qui constate la vente doit être transcrit, c'est-à-dire copié en entier, sur le registre des hypothèques de l'arrondissement dans lequel est situé l'immeuble.

La vente crée des obligations réciproques : le vendeur doit *délivrer la chose*, c'est-à-dire mettre la chose en possession de l'acheteur, et *garantir* à l'acheteur la possession paisible de la chose vendue[1]. Si une personne m'a vendu un champ dont elle n'est pas propriétaire, et que le véritable propriétaire me dépossède, j'aurai le droit de demander à mon vendeur la restitution du prix que je lui aurai payé et une indemnité. Quant à l'ache-

1. Pour la vente de certains animaux, la loi du 2 août 1884 a limité les vices cachés entraînant la responsabilité du vendeur. L'acheteur a le droit de demander la résolution du contrat de vente pour *vices rédhibitoires* (du latin *redhibere*, ravoir).

teur, il est tenu à payer le prix convenu et à prendre livraison de la chose vendue.

Dans la vente, le prix consiste en une somme d'argent : lorsqu'il n'y a pas de prix en argent, mais que les parties se donnent respectivement une chose pour une autre, il y a *échange*, et non vente. Il y a échange, lorsque deux personnes troquent un cheval pour un autre, une maison pour un champ.

La vente *à réméré* est celle dans laquelle le vendeur se réserve de reprendre la chose vendue moyennant la restitution du prix principal, dans les cinq ans.

Exemple : un propriétaire a besoin d'argent, il vend à réméré un immeuble et deux ans après cette vente, il peut rembourser l'acheteur du prix de vente et des divers frais occasionnés par la vente. Cependant le vendeur est obligé de respecter les baux qu'aurait pu passer l'acheteur pendant ce temps.

Le louage. — *Le louage est un contrat par lequel une personne s'engage à faire jouir une autre personne d'une chose pendant un temps déterminé et moyennant un prix convenu.*

Le louage des maisons s'appelle *bail à loyer*; le louage des biens ruraux est le *bail à ferme.*

Les obligations du propriétaire ou *bailleur* consistent à délivrer la chose au *preneur*, à entretenir cette chose pendant la durée du bail, à en faire jouir paisiblement le preneur, *locataire* ou *fermier*. Quant au preneur, il doit se servir de la chose en bon père de famille, suivant sa destination : il ne doit point la dégrader ; s'il s'agit d'une pièce de terre, il doit la bien cultiver, l'ensemencer, la fumer. Le locataire ou fermier doit en outre payer le prix du bail aux termes convenus.

Lorsque le bail est fait pour une durée déterminée, il cesse de plein droit à l'expiration du temps fixé. Lorsque le contrat n'a pas de durée limitée, chacune des parties peut le faire cesser en donnant *congé* dans un délai qui est déterminé par l'usage des lieux.

En cas d'*incendie* d'un immeuble, c'est le locataire qui est responsable, à moins qu'il ne prouve que le feu a été communiqué, soit par un voisin, soit par la foudre, soit par toute autre cause indépendante de sa volonté.

En cas de *perte fortuite* de la chose, le bail est résilié de plein droit, les risques sont donc pour le bailleur, mais en retour la loi accorde à celui-ci diverses garanties.

1° Il peut empêcher le locataire ou le fermier d'enlever les meubles qui garnissent la maison ou la ferme ;

2° Si ces meubles sont enlevés, le bailleur peut les revendiquer entre les mains des tiers, pendant 15 jours à la ville et 40 jours à la campagne ;

3° Il a un *privilège* sur les meubles et sur les récoltes de l'année.

Le locataire ou le fermier a le droit de sous-louer, à moins d'une clause contraire insérée dans le bail.

Baux ruraux. — Parmi les baux ruraux il faut citer le colonage partiaire ou métayage et le cheptel.

Colonage partiaire ou métayage. — C'est un contrat par lequel le possesseur d'un bien rural le confie, pour un temps déterminé, à un preneur qui s'engage à le cultiver à la condition de partager les fruits, par moitié (d'où le mot métayage), à moins qu'une autre clause ne détermine une autre proportion entre le bailleur et le preneur.

Cheptel[1]. — Le cheptel est un contrat par lequel l'une des parties charge l'autre partie de garder, nourrir et soigner un fonds de bétail, sous la condition de partager les produits suivant certaines conventions :

Dans le *cheptel simple*, le preneur partage le croît des animaux, par moitié avec le bailleur, mais seul il profite du laitage, du fumier et du travail des animaux.

Dans le *cheptel à moitié*, chaque partie fournit la moitié des animaux qui restent communs, soit pour le profit, soit pour la perte, mais comme dans le cheptel simple le preneur profite encore du laitage, du fumier et du travail des animaux.

Dans le *cheptel de fer*, ainsi nommé parce que les bêtes semblent attachées par un lien solide à la ferme, quels que soient les résultats de l'exploitation, le bailleur reçoit des bestiaux du preneur d'une valeur égale à celle des animaux qu'il lui avait confiés.

Quand le preneur est, non plus un fermier, mais un colon partiaire ou métayer, on peut faire des clauses différentes.

1. On prononce *chetel* ; vient d'un mot latin qui signifiait d'abord *capital*, puis au moyen âge *bétail*.

QUATRIÈME LEÇON

LOUAGE DE SERVICES

Le *louage de services* porte encore le nom de *louage d'ouvrage* ou d'*industrie*. C'est un contrat par lequel l'une des parties s'engage à faire quelque chose pour l'autre, à raison d'un prix convenu d'avance.

Il y a plusieurs sortes de contrats entre les patrons ou employeurs d'une part et les apprentis, les ouvriers ou employés d'autre part.

Contrat d'apprentissage. — Le contrat d'apprentissage a pour but de déterminer dans quelles conditions un chef d'industrie emploiera un jeune homme ou une jeune fille pour lui apprendre un métier déterminé.

Ces conditions varient à l'infini, suivant les difficultés du métier. Souvent l'apprenti est mis à l'essai pendant quelques mois et il ne reçoit aucun salaire pendant son apprentissage.

Le contrat peut être rompu pour diverses causes, et de part et d'autre; parfois il est rompu de plein droit pour une cause de force majeure, par exemple si l'apprenti est appelé sous les drapeaux ou s'il tombe gravement malade; la justice peut également intervenir si le contrat n'a pas été respecté, par exemple si l'apprenti a une inconduite notoire ou si le patron change de domicile d'une commune dans une autre commune.

Contrat de travail. — Le contrat de travail détermine d'une façon précise les conditions auxquelles se soumet volontairement un ouvrier, un employé ou un domestique quand il entre au service d'un patron qui s'engage à lui payer un salaire convenu.

Les ouvriers, domestiques ou employés s'adressent aux *bureaux de placement* qui ne peuvent plus exiger d'eux aucune rétribution. C'est aux employeurs à payer aux bureaux de placement une certaine somme pour le service rendu.

Le *salaire* doit être payé par les patrons à leurs ouvriers, domestiques ou employés en argent ayant cours, mais pas en bons de nourriture, ni en bons de marchandises. En principe, le salaire est payé tous les quinze jours, aux ouvriers, tous les mois, aux employés.

La loi exige que le paiement n'ait lieu ni un jour de repos hebdomadaire, ni dans un débit de boissons, ni dans un magasin de vente.

Le salaire est, pour les 7/10es, *insaisissable* et *incessible*. Supposons un ouvrier gagnant 5 francs par jour, il doit une certaine somme à un créancier. Ce créancier, si le total des salaires annuels ne s'élève pas à plus de 2000 francs, ne pourra faire une saisie-arrêt sur le salaire de cet ouvrier que pour 1/10e, soit pour 0 fr. 50 centimes par jour.

L'ouvrier ne peut non plus céder d'avance plus de 1/10e de son salaire; enfin, même si le patron est obligé de faire des retenues pour fourniture d'outils ou de matières nécessaires au travail. il ne pourra retenir qu'un troisième dixième.

Par conséquent l'ouvrier, que nous avons pris pour exemple, pourra, malgré ces trois retenues cumulées, toucher un salaire quotidien de 3 fr. 50.

Garantie des salaires. — Si le patron vient à faire faillite entre deux payements, les ouvriers et employés ont un *privilège* qui leur permet d'être payés avant tous les autres créanciers; de plus, si le patron est un entrepreneur de travaux publics ou autres, les ouvriers sont payés sur les sommes dues soit par l'Etat, soit par l'établissement public, soit par le propriétaire du bâtiment.

Rapports entre ouvriers et patrons. — Il faut distinguer s'il s'agit du travail des *hommes adultes*, des *femmes* ou des *enfants*:

Travail des adultes. — Le travail peut durer 12 heures au maximum par jour, s'il n'y a que des adultes, 10 heures si des enfants ou des femmes travaillent en même temps que les hommes. Un jour de repos, dit *repos hebdomadaire* est accordé par semaine aux ouvriers, de préférence, le dimanche.

La loi réglemente sévèrement les mesures d'hygiène concernant la propreté des locaux, la quantité d'air respirable, l'éclairage, le chauffage, comme les mesures de sécurité contre l'incendie ou les explosions des matières employées, etc.

Travail des femmes et des enfants. — La loi du 2 novembre 1892 vise surtout le travail des femmes et des enfants dans les usines et manufactures, les mines, les carrières, les chantiers, etc. L'enfant doit être âgé de 13 ans, à moins que pourvu du certificat d'études primaires, un certificat médical constate que l'enfant peut travailler dès l'âge de 12 ans. Le travail ne peut en principe durer plus de 10 heures par jour. Tout travail démoralisant, excessif ou dangereux est interdit et le travail de nuit est limité.

Pour que la loi soit respectée, on a créé des inspecteurs du travail qui ont le droit d'entrer dans les locaux ou usines, à toute heure du jour et de la nuit, même si on n'y travaille pas, en apparence. Dans les mines, les inspections sont faites par des ingénieurs des mines et des délégués mineurs élus par leurs camarades pour 3 ans.

Conflits industriels et grèves. — Il arrive souvent que les ouvriers sont mécontents du salaire qui leur est alloué, soit parce que le travail est devenu plus pénible, ou la vie plus chère, soit pour toute autre cause. Ils se mettent alors en *grève*. La grève est la cessation du travail par les ouvriers concertés ou par le patron[1]. La grève est légitime depuis la loi du 21 mai 1864 et surtout depuis la loi du 21 mars 1884 sur l'organisation des syndicats.

La grève est-elle un bien ou un mal pour les ouvriers? La question est très controversée. D'après les statistiques officielles, le plus grand nombre des grèves n'ont amené après elles que ruines et misères. Aussi y a-t-il lieu de rechercher, par tous les moyens, d'éviter ces graves conflits économiques. C'est pour atteindre ce but que la loi du 17 décembre 1892 a organisé toute une procédure qui permet de mettre fin rapidement à la grève au moyen de la conciliation et de l'arbitrage. Des délégués de l'une et l'autre partie peuvent demander au juge de paix de les entendre dans leurs revendications et celui-ci, en cas de désaccord persistant, peut les inviter à nommer des arbitres.

Ce qu'on doit déplorer, en cas de grève, c'est l'atteinte portée trop souvent à la liberté du travail. Chacun devrait être absolument libre de cesser ou de continuer le travail de son plein gré sans qu'une pression vînt l'empêcher dans son action.

1. Dans ce cas on emploie de préférence le mot anglais *lock-out*, qui se prononce à peu près *lok-a-out* et signifie fermer la porte sur quelqu'un.

Accidents du travail. — En principe et en droit commun, quiconque est victime d'un accident ne peut réclamer une indemnité à l'auteur de l'accident que s'il peut prouver qu'il y a eu faute. Vous êtes renversé par une voiture, vous êtes blessé et dans l'impossibilité de vous livrer à vos occupations ordinaires pendant plusieurs jours, vous devez faire la preuve que le conducteur de la voiture a été imprudent si vous exigez qu'il vous paie une certaine indemnité.

D'après la loi du 9 avril 1898, au contraire, le patron est responsable de l'accident survenu à un de ses ouvriers au travail. C'est ce qu'on appelle le *risque professionnel*. Cependant il est entendu que le patron pourra être rendu irresponsable s'il peut prouver que la victime de l'accident a *voulu* cet accident exprès.

La loi ne s'applique qu'à certaines industries qu'elle a délimitées : industries du bâtiment, usines et manufactures, chantiers, entreprises de transport par terre et par eau, entreprises de chargement et de déchargement, docks et entrepôts, industries employant des matières explosives ou toxiques, industries agricoles se servant de moteurs mécaniques.

Montant de l'indemnité. — Cette indemnité peut comprendre : 1° les frais funéraires, s'il y a mort; 2° les frais du médecin jusqu'à la guérison ou jusqu'à la délivrance de la rente; 3° une indemnité temporaire ou une rente à la victime ou à ses héritiers, suivant les cas soumis à l'appréciation du juge de paix. Pour la rente viagère, la compétence appartient au tribunal de première instance. La rente est garantie par les syndicats de patrons ou par les compagnies d'assurances des accidents du travail. Il existe même un *fonds spécial de garantie* géré par la Caisse nationale des retraites pour la vieillesse, au cas où les patrons ne pourraient pas payer la rente.

CINQUIÈME LEÇON

LE PRÊT
LES PRIVILÈGES ET LES HYPOTHÈQUES

Le prêt à usage ou commodat. — Le prêt à usage est un contrat par lequel une personne livre une chose à une autre personne à la condition que cette chose soit rendue en nature Exemple : un cultivateur prête une charrue, pour quelo jours, à son voisin. Celui-ci devra rendre la charrue intacte au jour convenu.

Le prêt à intérêts. — *C'est un contrat par lequel le prêteur livre à l'emprunteur une certaine somme d'argent, par exemple, à charge par l'emprunteur d'en rendre une égale quantité.*

Pierre a besoin de 1000 francs ; il s'adresse à Jacques qui les lui prête. Voilà le contrat de prêt.

Le prêt d'une somme d'argent peut être accompagné d'une stipulation d'*intérêts* ; mais les intérêts stipulés ne peuvent excéder le taux fixé par la loi, 4 pour 100 en matière civile et 5 pour 100 en matière commerciale (loi du 7 avril 1900).

Usure. — Si on prête au delà de ce taux on fait acte d'*usure* et, si cet acte se renouvelle fréquemment, on commet un *délit d'habitude* qui est puni d'amende et de prison.

Crédit personnel et crédit réel. — Prêter à intérêt est donc légitime, mais le prêteur n'est pas toujours certain que l'emprunteur le remboursera dans le délai prévu. Si la loi n'offrait pas aux capitalistes certaines *garanties*, il est à craindre que nombre de capitaux resteraient improductifs, au grand détriment du commerce et de l'industrie. On a donc imaginé certains moyens appelés *garanties* ou *sûretés* qui permettent de donner plus de confiance à ceux qui disposent de capitaux. Les sûretés *personnelles* ou *cautionnements* sont des engagements pris par une personne, qu'on sait solvable, en faveur d'une autre personne qui emprunte et qui pourrait ne pas offrir toute garantie. La personne qui s'engage ainsi est appelée *caution*.

Les sûretés *réelles* consistent dans l'affectation d'une *chose* déterminée en payement d'une dette. Exemple : Paul a emprunté 500 francs à Jacques et pour garantir cette dette il lui a donné en *gage* une machine agricole ou tout autre meuble estimé 800 francs. Si, à l'époque fixée, Jacques n'est pas payé, il peut retenir ce meuble, c'est le droit de *rétention*, il peut le faire vendre et se payer sur le prix de vente avant tous les autres créanciers. C'est le droit de *préférence*.

L'*antichrèse* est aussi une sûreté réelle, mais, ici c'est un immeuble que Paul aurait remis à la disposition de Jacques avec le droit d'en percevoir les fruits jusqu'à concurrence de la valeur de la dette, intérêts et capital.

Enfin la loi a créé en faveur des créanciers les privilèges et les hypothèques que nous allons étudier.

Les privilèges. — *Le privilège est un droit réel accordé a certains créanciers, en raison de créances particulières, sur un bien déterminé ou même sur des meubles.* La différence qui existe entre le privilège et l'hypothèque est la suivante :

1° Le privilège ne peut résulter que d'une loi et jamais d'un contrat ou d'un jugement;

2° Il peut porter sur des meubles et sur des biens à venir.

3° Les privilèges sont préférés aux hypothèques.

Il y a trois groupes de privilèges :

1° Les *privilèges généraux* portant sur tous les meubles du débiteur, et accessoirement, si ce n'est pas suffisant pour acquitter la dette, sur tous ses immeubles. Exemple : les frais de justice, les frais funéraires, les frais de dernière maladie, les salaires des gens de service, des commis et des ouvriers, des fournisseurs de subsistance (boucher, boulanger, etc.), des maîtres de pension, etc.

2° *Les privilèges spéciaux sur meubles déterminés.* Exemples : les objets donnés en gage, les meubles vendus et non payés, les meubles des locataires, les effets des voyageurs à l'hôtel ou à l'auberge.

3° *Les privilèges spéciaux sur certains immeubles.* Exemples : les immeubles vendus, mais non payés; ceux qui ont prêté de l'argent en vue d'acheter un immeuble; les architectes, entrepreneurs et maçons ont un privilège sur la plus-value donnée à l'immeuble grâce à leur travail.

Les effets du privilège sont importants puisqu'ils donnent au créancier le *droit de préférence* à être payé avant tous autres créanciers, et le *droit de suite* qui lui permet de suivre l'immeuble entre les mains d'un acquéreur.

L'hypothèque. — *L'hypothèque est un droit réel sur un ou plusieurs immeubles affectés par le débiteur à la garantie de la dette qu'il a contractée.*

Les immeubles seuls peuvent être hypothéqués.

Certaines hypothèques sont créées directement par la loi ; ce sont les *hypothèques légales.* Ainsi le mineur a une hypothèque légale sur les immeubles de son tuteur pour la garantie de la gestion du tuteur. Cette hypothèque garantit notamment la somme dont le tuteur peut être débiteur envers le mineur par suite de la reddition du compte de tutelle. La femme mariée a une hypothèque légale sur les immeubles de son mari pour la garantie des créances qu'elle a à exercer.

La *constitution d'hypothèque* par le débiteur au profit de son créancier ne peut avoir lieu que par *acte notarié*.

En outre, l'efficacité de l'hypothèque est en général subordonnée à la condition d'une *inscription*, ou mention de l'hypothèque, sur un registre public tenu dans chaque arrondissement par un fonctionnaire spécial, le *conservateur des hypothèques*. L'inscription doit être prise au bureau des hypothèques de l'arrondissement où est situé l'immeuble hypothéqué. Elle produit effet pendant dix années et doit être *renouvelée* avant l'expiration de ce délai.

Les hypothèques légales des femmes et des mineurs sont dispensées d'inscription tant que dure le mariage ou la tutelle, et même un an après que le mariage est dissous ou que la tutelle a cessé.

L'hypothèque confère au créancier un *droit de préférence*, c'est-à-dire le droit de se faire payer sur le prix de l'immeuble avant les créanciers qui n'ont point d'hypothèque. Entre les créanciers hypothécaires, le rang se détermine par la date de l'inscription ou, pour les hypothèques dispensées d'inscription, par les dispositions mêmes de la loi.

Exemple :

Pierre a hypothèque sur un immeuble appartenant à Jacques pour 10 000 francs. L'immeuble est vendu 10 000 francs : Pierre sera payé d'abord et les autres créanciers de Jacques qui n'ont pas d'hypothèque ne toucheront rien.

Pierre et Paul ont hypothèque sur le même immeuble : Pierre a pris inscription au 1er janvier 1913, Paul le 1er février 1913. Pierre sera payé le premier, et, s'il absorbe le prix, Paul n'aura rien.

Outre le droit de préférence, le créancier hypothécaire a le *droit de suite*, c'est-à-dire qu'il peut suivre l'immeuble hypothéqué et le faire vendre entre les mains d'un tiers acquéreur. Celui qui achète un immeuble grevé d'hypothèque peut être poursuivi sur l'immeuble par le créancier hypothécaire. Il doit donc s'abstenir de payer son prix au vendeur, au préjudice des créanciers hypothécaires : autrement il pourrait se trouver obligé de payer une seconde fois. L'acquéreur de l'immeuble hypothéqué doit avoir soin d'abord de payer les créances hypothécaires. Si le montant des créances hypothécaires dépasse le prix, l'acquéreur peut avoir recours à une procédure spéciale, appelée *purge des hypothèques*. L'effet de la purge est de permettre au tiers acquéreur de libérer complètement l'immeuble en payant son prix, bien que ce prix soit inférieur au montant des créances inscrites.

SIXIÈME LEÇON

LES ASSURANCES

L'assurance. — Le contrat d'*assurance* est celui par lequel une personne s'engage, pour l'avenir, à indemniser une autre personne d'un dommage qui pourra résulter de certains événements déterminés à l'avance, moyennant une somme en argent, appelée *prime*, que cette seconde personne promet de payer à diverses époques.

L'assurance est donc un contrat synallagmatique.

Il n'a pas été prévu dans le Code civil.

L'assurance *maritime* est un contrat passé entre une personne (ou une société) qui s'oblige à indemniser un armateur ou un chargeur des risques que courent le navire ou les marchandises par suite d'un accident ou d'un naufrage en mer.

L'assurance *terrestre* est le même contrat, mais en vue d'événements qui surviennent sur la terre, tels que l'incendie, la grêle, les accidents du travail, la mort, etc.

Pour l'une, comme pour l'autre assurance, l'indemnité à payer ne doit jamais être supérieure à la valeur de la chose assurée.

Assurance contre l'incendie. — Contre l'incendie on assure : 1° son mobilier; 2° sa maison, si on en est le propriétaire, la responsabilité envers le locateur, si on n'est que locataire; 3° le recours possible des voisins dans le cas où le feu déclaré dans sa maison atteindrait les autres maisons les plus proches.

Précautions à prendre. — 1° Ne pas exagérer la valeur des meubles ni des immeubles qu'on assure parce qu'on paie à l'assureur ou aux compagnies d'assurances une prime plus élevée et qu'en cas d'incendie l'assureur n'est pas tenu à payer la somme indiquée sur la *police*, c'est ainsi qu'on nomme le contrat d'assurance.

En effet, je suppose que j'assure mon mobilier, en 1912, pour une valeur de 12 000 francs. L'incendie détruit ce mobilier, en 1918, par exemple. L'assureur me dira : « Je vous ai bien assuré votre mobilier pour 12 000 francs, il y a 6 ans, mais depuis il a perdu de sa valeur par suite de l'usage, je ne vous rembourserai que 8000 ou 9000 francs. » Cependant, si je suis en droit de le faire, je puis prouver à mon assureur que mon mobilier a été renouvelé en partie ou en totalité, que j'y ai ajouté de nouveaux meubles, etc.

2° Ne pas diminuer non plus la valeur des objets assurés — ce qui est assez rare — car l'assureur pourrait tenir le raisonnement suivant, en supposant, comme dans l'exemple précédent, que j'ai déclaré mon mobilier pour une valeur de 6000, alors qu'il en valait réellement 12000. « Afin de payer une prime très faible, me dira l'assureur, vous avez déclaré que votre mobilier ne valait que 6000 francs. Nous allons vous prouver qu'il en valait 12 000 et par conséquent vous vous êtes fait votre propre assureur pour la moitié de la valeur. Comme votre mobilier ne vaut plus aujourd'hui que 4000 francs, vous supporterez la perte pour la moitié et nous ne vous rembourserons que 2000 francs. »

3° Il ne faut pas écouter trop les compagnies d'assurances lorsqu'elles vous engagent à élever votre prime en raison du recours possible des voisins contre vous, car la preuve n'est pas facile à faire.

4° Ne pas oublier, si l'on est locataire, que la responsabilité envers le propriétaire est proportionnelle entre tous les locataires à la valeur locative des locaux ;

5° Les fondations courant peu de risques on peut ne pas les assurer ;

6° Il est bon d'assurer à part des objets de valeur comme des tableaux de prix, des dentelles, des bijoux, etc. ;

7° Enfin, avant de la signer, l'assuré doit toujours lire avec attention la police d'assurance.

Assurance sur la vie. — Le contrat d'assurance sur la vie présente une variété infinie de combinaisons. Nous ne pouvons indiquer ici que les plus importantes :

Assurance simple : Je m'engage à verser à une Compagnie d'assurances une prime annuelle de 700 francs, par exemple, pendant 20 ans. Si je meurs avant l'expiration de ces 20 ans, mes héritiers toucheront, je suppose, une somme globale de 15 000 francs que la Compagnie s'engage à payer. Si, au contraire, je vis encore dans 20 ans, toutes mes primes sont perdues.

Assurance mixte. — On évite cette perte en faisant une assurance *mixte* en cas de *mort et en cas de vie*. Dans ce cas, si je vis, à l'expiration des 20 ans, c'est moi qui toucherai le capital de 15 000 francs pour lequel je m'étais assuré. Il est bien évident que, dans cette combinaison, la prime est plus élevée que dans l'assurance simple.

Assurance sur la tête d'autrui. — A la naissance d'un enfant, je promets à une Compagnie de verser, sur la tête de cet enfant, jusqu'à sa majorité, une certaine prime annuelle.

Si mon enfant meurt avant sa majorité, c'est moi qui toucherai le capital convenu. Si, au contraire, l'enfant vit, c'est lui qui recevra ce capital, précisément à une époque où il est utile de l'établir.

Assurance à prime unique. — Au lieu de payer une prime annuelle, on peut payer en un seul versement.

Assurances mutuelles. — Les Compagnies d'assurances ont basé le montant de leurs primes d'après le calcul des mortalités probables. Aussi font-elles de gros bénéfices. L'idée est venue à des sociétés mutuelles d'assurer leurs propres membres et de répartir entre eux les bénéfices réalisés. Les *tontines* sont des associations de ce genre, dans lesquelles chaque associé verse une certaine somme pour en tirer une rente viagère qui sera répartie, à une époque déterminée, entre tous les survivants. Si un membre de cette association craint de se trouver au nombre de ceux qui mourront avant l'échéance fixée, il peut, à côté de la précédente association, faire une *contre-assurance* qui sauvegarderait pour ses héritiers, les capitaux qu'il aurait versés.

IV

SUCCESSIONS, LEGS & DONATIONS

SEPTIÈME LEÇON

LES SUCCESSIONS

Les ordres d'héritiers. — Lorsqu'une personne meurt, si elle n'a point elle-même disposé de sa fortune par testament, ses biens passent à ses héritiers *ab intestat*[1], c'est-à-dire aux parents que la loi, d'après l'affection présumée du défunt, appelle à lui succéder.

Ainsi la *succession* s'ouvre au jour du décès; les *héritiers* sont ceux auxquels la succession est dévolue.

Les héritiers représentent la personne du défunt; ils sont, dès le jour de l'ouverture de succession, *saisis*, c'est-à-dire investis de plein droit de la propriété des biens composant le patrimoine du défunt, et tenus, d'autre part, au payement des dettes et charges de la succession.

On appelle *ordres d'héritiers* les différentes classes de parents appelés successivement à recueillir la succession.

Successeurs réguliers. — Les *descendants* forment le premier ordre d'héritiers; après eux, viennent les *frères et sœurs*, en concours avec les *père et mère*; puis les *ascendants*, et enfin les *collatéraux* autres que les frères et sœurs ou les descendants des frères et sœurs.

Successeurs irréguliers. — L'*époux survivant* a aussi un droit dans la succession de l'époux prédécédé et fait partie avec l'*État* de la classe des *successeurs irréguliers*. Le droit de l'époux survivant est, d'ailleurs, réduit à un simple droit d'usu-

1. Du latin *ab intestato*, le défunt qui n'a pas fait de testament.

fruit quand l'époux prédécédé meurt laissant des parents successibles.

Les *descendants*, fils, filles, petits-enfants, arrière-petits-enfants, succèdent les premiers et excluent les autres parents. Si le défunt ne laisse que des descendants du premier *degré*, des fils, la succession se divise entre eux par parts égales, *par têtes*. Un homme meurt laissant trois fils et une succession de 15000 francs; chacun des fils aura pour sa part un tiers ou 5000 fr.

Mais les enfants au premier degré, fils ou filles, n'excluent pas les petits-enfants nés d'un autre enfant prédécédé avant le père dont la succession s'ouvre. Les petits-enfants viennent à la succession par *représentation* de leur père ou de leur mère et succèdent comme leur père ou leur mère aurait succédé. Pierre meurt laissant un fils encore vivant et deux petits-fils nés d'un fils mort avant son père. Les petits-fils viennent à la succession de leur grand-père en concours avec leur oncle, mais le partage se fait par *souches* et non par têtes. Les petits-enfants prendront la part qu'aurait eue leur père s'il vivait : la moitié de la succession à eux deux, ou le quart chacun; le fils survivant, leur oncle, aura l'autre moitié. Si la fortune de Pierre est de 20000 francs, son fils qui forme une souche aura la moitié ou 10000 francs; les deux petits-fils par représentation de leur père qui formait l'autre souche auront l'autre moitié ou 5000 francs chacun.

A défaut de descendants, la succession est dévolue aux frères et sœurs et à leurs descendants, neveux et nièces du défunt, qui excluent tous les parents autres que le père et la mère. Les descendants des frères et sœurs prédécédés viennent par représentation de leur père et mère et le partage se fait encore ici par *souches* et non par *têtes*.

Les frères et sœurs ou leurs descendants concourent avec les père et mère. Si le défunt laisse un frère et ses père et mère, le frère a la moitié, les père et mère chacun un quart. Si le père seul ou la mère seule survit, le frère prend les trois quarts, le père ou la mère un quart.

Lorsqu'il n'y a ni descendants, ni frères ni sœurs, ni descendants de frères et sœurs, c'est-à-dire des neveux ou nièces, la succession est dévolue aux *ascendants*, père et mère, grand-père et grand'mère, etc., et aux *collatéraux*, oncles et tantes, cousins et cousines; les parents collatéraux succèdent jusqu'au douzième degré.

La succession dévolue aux ascendants et aux collatéraux se divise entre les deux lignes, la *ligne paternelle* et la *ligne maternelle* : les parents paternels ont droit à la moitié; les parents maternels, à l'autre moitié. Dans chaque ligne, l'ascendant le plus proche ou les ascendants les plus proches, s'il y en a plusieurs du même degré, recueillent la moitié afférente à leur ligne; mais l'ascendant dans une ligne n'exclut point le collatéral de l'autre ligne. Un homme meurt laissant son père et point d'ascendant dans la ligne maternelle : le père prendra la moitié afférente à la ligne paternelle; mais la moitié revenant à la ligne maternelle sera dévolue au collatéral le plus proche dans cette ligne, ou aux collatéraux les plus proches, s'il y en a plusieurs du même degré. Dans chaque ligne, à défaut d'ascendant, le collatéral le plus proche ou les collatéraux les plus proches égaux en degré recueillent la moitié afférente à leur ligne. La dévolution d'une ligne à l'autre n'est possible qu'autant que dans l'une des deux lignes il n'y a point de parents au degré successible. L'ascendant ou le collatéral de la ligne paternelle peut ainsi recueillir la succession tout entière, s'il n'y a pas de parents dans la ligne maternelle.

HUITIÈME LEÇON

L'ACCEPTATION ET LA RENONCIATION

L'héritier appelé à recueillir une succession peut l'accepter *purement et simplement*, l'accepter *sous bénéfice d'inventaire* ou y *renoncer*.

L'héritier a, pour se rendre compte de l'état de la succession et délibérer sur le parti qu'il lui convient de prendre, un délai de trois mois et quarante jours à compter de l'ouverture de la succession.

L'*acceptation pure et simple* a pour effet d'obliger l'héritier au payement de toutes les dettes de la succession. Si les biens de la succession ne suffisent pas à payer les dettes du défunt, l'héritier qui a accepté purement et simplement devra les acquitter sur ses propres biens. J'ai accepté purement et simplement une succession dont les biens représentent 10 000 francs, mais dans laquelle il y a 15 000 francs de dettes. Je devrai payer aux créanciers sur ma propre fortune la différence entre le passif et l'actif de la succession. L'héritier ne doit donc accepter purement et simplement que quand il est certain que le passif de la succession ne dépasse pas l'actif. L'acceptation pure et simple peut résulter de tout acte que l'héritier n'a droit de faire qu'en cette qualité, par exemple, de la vente d'objets mobiliers ou d'immeubles dépendant de la succession.

L'*acceptation bénéficiaire* ou *sous bénéfice d'inventaire* a cet avantage que l'héritier qui a ainsi accepté n'est tenu des dettes que jusqu'à concurrence des biens qui se trouvent dans la succession. Il rend compte aux créanciers de toutes les valeurs qu'il a recueillies comme héritier, et, si les créanciers ne sont pas intégralement payés, ils ne peuvent réclamer ce qui leur reste dû sur les biens personnels de l'héritier. L'excédent de l'actif, s'il y en a un, profite à l'héritier bénéficiaire.

L'acceptation bénéficiaire résulte d'une déclaration faite au greffe du tribunal de première instance. L'héritier doit faire faire par un *notaire* un *inventaire* ou état fidèle et exact de tous les biens de la succession.

L'administration des biens de la succession par l'héritier bénéficiaire est soumise à certaines conditions : il ne peut vendre les meubles ou les immeubles dépendant de la succession qu'avec les formes prescrites par la loi. L'héritier bénéficiaire qui fait un acte excédant ses pouvoirs est déchu du bénéfice d'inventaire et devient héritier pur et simple.

On sait que les successions échues aux mineurs ne peuvent être acceptées autrement que sous bénéfice d'inventaire.

La *renonciation* à une succession se fait par une déclaration au greffe du tribunal de première instance. La renonciation rend celui qui l'a faite étranger à la succession; il n'est pas tenu au payement des dettes, mais il n'a aucun droit aux biens qui composent la succession. La part de l'héritier qui renonce passe aux héritiers appelés après lui à recueillir la succession.

Le partage et le rapport. — Lorsqu'une succession est dévolue à plusieurs personnes, chacune d'elles a le droit de provoquer le partage de la succession, pour déterminer la part de chacun des héritiers.

Si toutes les parties sont majeures et s'entendent entre elles, le partage n'est soumis à aucune formalité particulière. Mais lorsque des mineurs sont intéressés au partage, ce partage ne peut avoir lieu que judiciairement, devant un notaire désigné par le tribunal et sous la surveillance d'un juge,

On doit, en matière de partage, observer rigoureusement le principe d'égalité. Les lots doivent être d'égale valeur pour les héritiers ayant des droits égaux, et on doit y faire entrer, s'il se peut, des biens de même nature. Ainsi deux héritiers ont droit chacun à la moitié; il faudra composer la moitié revenant à chacun autant que possible de valeurs mobilières et immobilières en quantité égale. Il faut cependant éviter, autant que possible, de morceler les fonds et de diviser les exploitations. Lorsque l'un des héritiers a, par le partage, moins des trois quarts de la part à laquelle il a droit, il peut faire annuler le partage.

C'est également au principe d'égalité que se rattache l'obligation imposée à l'héritier qui accepte la succession de *rapporter* ce qu'il a reçu du défunt par *donation* ou par *legs*. En principe, l'héritier ne peut cumuler le don ou le legs qui lui a été fait et sa part dans la succession. Un fils et une fille viennent à la succession de leur père; la fille a reçu une dot de 5000 francs; le fils n'a rien reçu. La fille devra d'abord imputer sur sa part les 5000 francs qu'elle a reçus, de telle sorte que, s'il n'y a dans la succession que 5000 francs de biens outre les 5000 francs donnés à la fille, celle-ci n'aura rien à toucher de plus et le fils prendra le surplus des biens laissés par son père. Il n'en serait autrement que si l'héritier avait été expressément dispensé du rapport par une clause spéciale ajoutée à la donation ou au testament. Cette clause s'appelle *clause de préciput*.

NEUVIÈME LEÇON

LES DONATIONS ET LES TESTAMENTS

La loi reconnaît deux modes de disposition à titre gratuit, la *donation entre vifs* et le *testament*.

On dispose à titre gratuit lorsqu'on aliène une chose au profit d'une personne, sans rien recevoir en échange.

La donation. — La donation est un acte par lequel celui qui donne, le *donateur*, se dépouille *actuellement* et *irrévocablement* en faveur de celui qui reçoit, le *donataire*. Le caractère essentiel de la donation entre vifs est l'*irrévocabilité*, c'est-à-dire que le donateur ne peut se réserver la faculté de reprendre ce qu'il a donné.

La donation entre vifs ne peut être faite que par acte devant notaire. Les mineurs ne peuvent faire de donation entre vifs. Une seule exception est admise : le mineur qui se marie peut faire, dans le contrat de mariage, une donation au profit de son futur conjoint.

Le testament. — Le *testament* est un acte par lequel une personne, le *testateur*, dispose, pour le temps où elle ne sera plus, de tout ou partie de ses biens et qu'elle peut révoquer. Tandis que la donation entre vifs produit un effet actuel, du vivant même du donateur, et ne peut être révoquée, le testament ne produit son effet qu'au jour du décès du testateur, qui a toujours la faculté de le révoquer.

Le mineur peut tester, mais seulement lorsqu'il est parvenu à l'âge de seize ans, et jusqu'à concurrence de la moitié des biens dont un majeur pourrait disposer.

Formes du testament. — Le testament peut être fait de trois manières différentes : par acte public, en la forme olographe ou en la forme mystique.

Le *testament par acte public* est reçu par un *notaire* assisté de *quatre témoins*, ou par *deux notaires* assistés de *deux témoins*.

Le *testament olographe* doit être écrit en entier, daté et signé par le testateur. Aucune autre formalité n'est exigée. C'est la forme la plus simple du testament.

Il suffit donc, pour faire son testament, de prendre une feuille de papier même non timbré, d'y écrire soi-même ses dispositions de les signer et de les dater, en indiquant exactement le jour où le testament est rédigé : l'acte est ainsi parfaitement valable.

Le *testament mystique* est plus compliqué : il est écrit par le testateur ou même par un tiers, mais signé par le testateur. Puis le testament ou le papier qui lui sert d'enveloppe est *clos* et *scellé* et présenté en cet état par le testateur à un notaire assisté de *six témoins*. Le notaire dresse un acte appelé *acte de suscription*.

A la mort du testateur, le testament olographe ou le testament mystique est présenté au président du tribunal de première instance, qui ouvre le testament, en fait la description, constate son état dans un procès-verbal et ordonne le dépôt du testament dans l'étude d'un notaire.

Différentes espèces de legs. — Les testaments peuvent contenir trois sortes de dispositions : des legs à titre universel et des legs à titre particulier.

Le *legs universel* est celui qui donne au légataire un droit éventuel à la totalité des biens compris dans la succession. Lorsqu'il n'y a point d'héritier à réserve, descendant ou ascendant, le légataire universel peut se mettre en possession des biens sans aucune formalité, s'il est institué par un testament public. Si le testament est olographe ou mystique, le légataire universel se fait *envoyer en possession* par une *ordonnance du président du tribunal.* Lorsque le légataire universel est en présence d'héritiers à réserve, il doit leur demander de consentir à l'exécution du legs.

Le légataire universel est tenu des dettes de la succession comme un héritier; il peut accepter le legs sous bénéfice d'inventaire, pour ne pas être tenu au delà de ce qu'il recueille.

Le *legs à titre universel* est celui qui porte sur une fraction de tous les biens, la moitié, le quart, sur tous les meubles, sur tous les immeubles, ou sur une fraction des meubles ou des immeubles, le quart des meubles, le tiers des immeubles. Le légataire à titre universel doit toujours demander l'exécution du legs aux héritiers ou au légataire universel; il est tenu de payer les dettes en proportion de la part qu'il prend dans la succession.

Le *legs particulier* est le legs qui ne rentre dans la définition ni du legs universel ni du legs à titre universel : le legs d'une maison, d'un champ, d'une somme d'argent est un legs particulier. Le légataire particulier doit demander l'exécution du legs aux héritiers, aux légataires universels ou à titre universel. Il n'est pas tenu au payement des dettes.

La quotité disponible et la réserve. — La faculté de disposer par donation entre vifs ou par testament n'est pas illimitée pour ceux qui laissent des enfants et des ascendants.

Une partie de la succession est réservée aux descendants ou ascendants : c'est la *réserve* ; le surplus de la succession forme la *quotité* ou *portion disponible.*

Pour les descendants, la réserve varie suivant le nombre des enfants: elle est de moitié, lorsqu'il y a un enfant; des deux tiers, quand il y a deux enfants; des trois quarts, lorsqu'il y a trois enfants ou davantage. Par contre, la quotité disponible est, suivant la même distinction, de moitié, des deux tiers ou du quart.

Pierre meurt laissant un enfant et une fortune de 12 000 fr.; la réserve étant de moitié, Pierre a pu disposer de 6000 francs. S'il avait eu deux enfants, il n'aurait pu disposer que de 4000 fr.; s'il en avait eu trois, de 3000 francs seulement.

Pour les ascendants, la réserve est du quart pour chaque ligne, et de la moitié, s'il y a des ascendants dans les deux lignes, paternelle et maternelle.

Si le défunt a fait des dispositions excédant la quotité disponible, les héritiers à réserve peuvent en demander la *réduction*. La réduction porte d'abord sur les legs, qui sont tous réduits proportionnellement, puis sur les donations entre vifs, en commençant par la plus rapprochée en date et en remontant ainsi jusqu'à ce que la réserve soit constituée.

Certaines règles spéciales déterminent l'étendue des dispositions que l'un des époux peut faire à l'autre; la *quotité disponible entre époux* n'est point la même que la quotité disponible ordinaire. Lorsque l'époux laisse des ascendants, les libéralités qu'il a faites à son conjoint peuvent comprendre la quotité disponible ordinaire, la moitié ou les trois quarts, suivant qu'il y a des ascendants dans les deux lignes ou dans une seule ligne, et en outre l'usufruit de la portion réservée aux ascendants. Lorsqu'il y a des enfants nés du mariage, l'époux ne peut disposer au profit de son conjoint que d'un quart en pleine propriété et d'un quart en usufruit ou de la moitié en usufruit. Enfin lorsque l'époux est remarié et qu'il a des enfants de son premier mariage, il ne peut disposer au profit de son second mari ou de sa seconde femme que d'une part d'enfant, c'est-à-dire d'une part égale à celle d'un enfant. S'il y a quatre enfants, la disposition ne pourra être que du cinquième de la succession, du sixième s'il y en a cinq. S'il y a moins de trois enfants, en procédant de même, l'époux pourrait avoir le tiers ou la moitié. Mais lorsqu'il y a moins de trois enfants, la quotité disponible au profit du second époux ne peut dépasser au maximum le quart de la succession.

V

COMMENT ON DÉFEND SES DROITS

DIXIÈME LEÇON

IDÉE GÉNÉRALE DE LA MARCHE D'UN PROCÈS

Organisation générale de la procédure civile. — Pour rendre plus claire l'exposition de cette organisation, nous allons supposer le cas le plus fréquent, celui d'un débiteur qui ne s'acquitte pas de sa dette, à la date convenue. J'ai prêté, par exemple, 2500 francs à Paul qui s'est engagé à me rembourser au 1er juin.

1° Introduction de l'instance. — Si au 1er juin Paul ne s'est pas acquitté de sa dette, en ma qualité de demandeur je le ferai convoquer devant le juge de paix par citation d'huissier. C'est la procédure préalable appelée préliminaire de *conciliation*, imposée par la loi afin de mettre fin, si c'est possible, dès l'origine, à un procès qui peut devenir coûteux.

La comparution doit avoir lieu trois jours francs après la citation. Les parties doivent se présenter en personne ou se faire représenter par un mandataire muni d'une procuration spéciale, sous peine d'être condamnées à une amende de 10 francs.

Si les deux parties, Paul, le défendeur, et moi, le demandeur, nous comparaissons, deux solutions sont possibles.

Ou bien, il y aura conciliation, le greffier du juge de paix en dressera acte et tout sera terminé.

Ou bien nous ne nous entendrons pas et l'affaire sera portée devant le tribunal civil.

2° Ajournement et instance. — Par un acte d'huissier j'assigne Paul à comparaître à huitaine. Cet acte s'appelle *ajournement*. Je constitue un avoué pour me représenter au tribunal.

A son tour, Paul devra, dans les huit jours qui suivent, constituer avoué, sous peine d'être condamné *par défaut*. L'affaire est inscrite au rôle d'une des Chambres du tribunal, les avoués posent les conclusions et les avocats plaident.

Le ministère public expose son avis sur l'affaire et dépose des conclusions verbales. Les juges délibèrent séance tenante, si l'affaire est peu importante, ou suspendent l'audience pour en délibérer en chambre du conseil, ou chargent l'un d'eux de faire un rapport. Enfin le président prononce le *jugement*.

3° Voies de recours contre le jugement. — Supposons Paul condamné à payer ce qu'il me doit. Va-t-il s'exécuter immédiatement? Non, il pourra en *appeler* devant la *Cour d'appel*, puisque ma demande est supérieure à 1500 francs.

Appel. — L'appel est dit *dévolutif* parce qu'il passe l'affaire à un autre tribunal, qui est la Cour. Celle ci examine à nouveau l'affaire en détail, au point de vue du droit et au point de vue du fait.

La procédure est la même que devant le premier tribunal, puis la cour prononce un *arrêt*.

Pourvoi en cassation. — Mon adversaire est encore condamné, mais il ne se tient pas pour battu. Son défenseur a cru découvrir une violation de la loi, Paul se pourvoira en *cassation*. Cette fois l'affaire ne sera plus examinée en fait, mais en droit seulement. Ou bien l'arrêt sera maintenu, ou bien il sera *cassé*.

4° Voies d'exécution du jugement. — Si l'arrêt est maintenu, Paul devra s'exécuter en me remboursant la somme de 2500 fr. et en payant en outre tous les frais du procès, ce sont les *dépens*: honoraires d'huissiers, d'avoués, droits de timbre, taxe des témoins... etc.

Mais s'il refuse encore de me donner satisfaction je ferai opérer des *saisies* sur ses biens.

Diverses sortes de saisies. — 1° Je sais que Jacques est débiteur de Paul pour une somme de 3000 francs, par exemple. Je ferai entre les mains de Jacques une *saisie-arrêt* pour l'empêcher de payer Paul et j'obtiendrai du tribunal un jugement pour que Jacques me paie directement les 2500 francs que me doit Paul.

2° Ou bien je ferai pratiquer sur les *meubles* de Paul une *saisie-exécution*,

3° Ou bien enfin, s'il possède des *immeubles*, je ferai opérer une *saisie immobilière*.

Les meubles et les immeubles seront vendus et sur l'argent qu'on en aura retiré je serai payé par les soins d'un juge du tribunal.

Si nous avions été plusieurs créanciers, ce même juge nous aurait réparti le prix provenant de la vente des biens du débiteur, soit proportionnellement à ce qui nous était dû si le produit de la vente avait été insuffisant, soit en totalité dans le cas contraire.

Opposition. — Si mon débiteur avait fait défaut, c'est-à-dire s'il n'avait pas constitué avoué ou n'avait pas fait déposer de conclusions dans les délais légaux, le jugement aurait été prononcé quand même, mais le *défaillant* aurait pu faire *opposition* au jugement et cette opposition aurait été *suspensive*, c'est-à-dire qu'elle aurait reculé l'exécution du jugement en attendant qu'il fût statué par le tribunal sur l'opposition.

Référé. — En cas d'extrême urgence, les parties peuvent s'entendre pour aller en *référé* devant le président du tribunal, ou devant un juge commissaire. Dans ce cas l'affaire est plaidée très rapidement.

Procès pénal. — Lorsqu'on a été victime d'un délit, si ce délit a causé quelque préjudice, on peut se porter *partie civile*, afin d'obtenir, s'il y a lieu, que le tribunal condamne le délinquant à la fois à une peine et à des dommages-intérêts.

Contentieux administratif. — S'il s'agit d'une affaire qui est de la compétence du *Conseil de préfecture*, le demandeur adresse une requête contenant le nom, la profession et le domicile du demandeur, le nom et le domicile du défendeur, l'objet de la requête, les copies et les pièces qui doivent être notifiées au défendeur, au greffe. Le défendeur dépose ses répliques dans la même forme. Le Conseil fait communiquer toutes les pièces aux parties au greffe, ordonne les enquêtes complémentaires, et fait dresser un nouveau rapport. Ce rapport est transmis au Commissaire du gouvernement; l'affaire est mise au rôle qui est affiché à la porte de la salle d'audience, enfin le jugement est prononcé.

S'il faut aller devant le *Conseil d'État*, on est obligé, en principe, de s'y faire représenter par un avocat à la Cour de Cassation et au Conseil d'État. Cependant le recours pour excès de pouvoir, le recours en cassation, en matière électorale, en matière de contributions directes et matière de pensions, n'obligent pas le demandeur à avoir recours aux avocats.

L'affaire est introduite par une requête au juge. Au Conseil d'État un maître des requêtes ou un auditeur fait un rapport qui est communiqué au Ministère public et l'affaire est jugée, en séance publique, mais s'il y a constitution d'avocat.

VI

DROIT COMMERCIAL

ONZIÈME LEÇON

LES ACTES DE COMMERCE ET LES LIVRES DE COMMERCE

Droit commercial. — Le droit commercial est une branche du droit privé, qui règle les rapports entre les particuliers qui font des *actes de commerce.*

Les articles qui forment l'ensemble du *Code de Commerce* ont été rédigés en 1807; ils forment quatre livres :

Livre I : Du commerce en général.
— II : Du commerce maritime.
— III : Des faillites et des banqueroutes.
— IV : De la juridiction commerciale.

Quelques lois importantes, notamment celles du 28 mai 1838 et du 24 juillet 1867, ont modifié ou complété le Code de Commerce.

Actes de commerce. — La loi, au lieu de les définir, en a fait une énumération.

A. Actes de commerce par leur nature.
B. — de — par leur forme.
C. — de — en raison de la qualité de celui qui les accomplit, ou en vertu de la théorie de l'accessoire.

A. Actes de commerce par leur nature. — 1° Tout achat de denrées ou de marchandises pour les *revendre*, soit en nature, soit après les avoir travaillées et mises en œuvre, ou même pour en louer simplement l'usage.

Conséquence : ceux qui achètent des terrains, des carrières pour les revendre ne font pas acte de commerce puisque ce ne sont pas des denrées ni des marchandises

2° *Entreprises diverses* : de manufactures, de commission, de fournitures (pour l'armée ou la marine par exemple) d'agents ou de bureaux d'affaires (les agents d'affaires, par exemple) d'établissement de vente à l'encan (vente d'objets mobiliers aux enchères publiques) et enfin entreprises de spectacles publics.

Opérations de banque, change et courtage. — Les opérations de banque sont relatives aux monnaies et aux titres de crédit ; dépôts d'argent ou de valeurs dans une banque, comptes courants, prêts sur titres, escomptes des effets de commerce, émissions d'actions ou d'obligations.

Le *change* revêt deux formes : a) le change *manuel* ou *local* qui n'est autre que l'échange d'un certain nombre de pièces de monnaie ou de billets de banque contre des pièces de monnaie ou de billets de banque d'un autre pays;

b) Le change *tiré* est un acte par lequel une personne reçoit de l'argent dans un certain lieu, à Paris, par exemple, et s'engage à procurer cette même somme à une autre personne, et dans un lieu différent, à Londres par supposition.

Le *courtage* est un acte accompli par un *courtier* dont le rôle est de mettre en présence deux personnes qui désirent s'entendre pour traiter une affaire, achats de marchandises, armements de vaisseaux, etc. Il ne faut pas confondre le courtage, acte de commerce, avec la commission qui n'est commerciale qu'en cas d'entreprise.

4° *Opérations en matière maritime*: achats, ventes et reventes de bâtiments pour la navigation, achats ou ventes d'agrès, engagements de gens de mer pour le service de bâtiments de commerce etc.

B. Actes de commerce par leur forme : Ce sont les lettres de change que nous étudierons plus loin[1].

C. Actes de commerce par la qualité de leur auteur ou en vertu de la théorie de l'accessoire. — Un commerçant peut faire trois sortes d'actes :

1° Des actes commerciaux, tels que ceux que la loi a énumérés et que nous venons d'étudier;

2° Des actes nettement civils, par exemple, achat ou location d'une maison d'habitation.

1. Voir page 181.

3° Des actes civils, mais accomplis à l'occasion de son commerce. Exemples : achats de livres pour son commerce, de comptoirs pour son magasin, etc. Ce sont les actes qui, quoique civils, sont dits actes de commerce par la qualité de leur auteur ou en vertu de la théorie de l'accessoire.

Intérêts pratiques de la distinction : 1° Ce sont les tribunaux de commerce qui sont compétents pour juger les actes de commerce;

2° La preuve par témoins, qui n'est pas recevable au delà de 150 francs en matière civile, est admissible en matière commerciale quelle que soit la valeur de l'objet en litige;

3° Il est important de savoir si un acte a été accompli par un commerçant ou par un non-commerçant;

4° Le taux de l'intérêt *conventionnel* est libre en matière commerciale, limité à 5 pour 100 en matière civile; le taux de l'intérêt *légal* est 5 pour 100 en matière commerciale et 4 pour 100 en matière civile, etc., etc.

Des commerçants. — Trois conditions sont requises :

1° Faire des actes de commerce; 2° habituellement; et 3° à titre de profession.

Ils sont tenus à certaines obligations spéciales : publication de leur contrat de mariage, payement de l'impôt de la patente, tenue de certains livres, etc.

Livres de commerce. — Trois sont *obligatoires* :

1° Le *livre-journal*, qui mentionne jour par jour toutes les opérations faites par le commerçant, encaissements d'effets de commerce, tout ce qu'il reçoit ou paye; les dépenses nécessitées pour l'entretien du ménage n'y figurent que mois par mois.

2° Le *livre de copie-lettres*, registre contenant la copie de toutes les lettres qu'il envoie; celles qu'il reçoit doivent être réunies en liasses;

3° Le *livre d'inventaire*, registre sur lequel est porté l'inventaire annuel des biens meubles et immeubles, des dettes actives et passives du commerçant.

Le livre-journal et le livre d'inventaire doivent être paraphés et visés une fois l'an, par un juge du tribunal de commerce ou par le maire ou son adjoint. Le copie-lettres n'est paraphé et visé qu'une fois pour toutes. Les trois livres obligatoires doivent être *cotés*, tenus par ordre de dates, sans blancs, lacunes, ni transports en marge.

Si les livres n'offraient pas toutes ces conditions exigées par la loi, ils ne pourraient pas faire foi en justice et le commerçant pourrait être déclaré *banqueroutier simple.*

Autres livres auxiliaires facultatifs. — 1° Le *grand-livre* est un registre où chaque folio contient le compte ouvert d'un client ou correspondant. A gauche figure le *doit*, ce sont les valeurs reçues par le client; à droite l'*avoir*, ce sont les valeurs qu'il a fournies;

2° Le *livre-brouillard* contient toutes les opérations faites par le commerçant au fur et à mesure qu'elles se produisent, pour être transcrites ensuite au livre-journal;

3° Le *livre de caisse* constate les entrées et les sorties de numéraire;

4° Le *livre des traites et des billets* note le montant des effets à payer et des effets à recevoir.

DOUZIÈME LEÇON.

NOTIONS TRÈS SOMMAIRES SUR LES SOCIÉTÉS COMMERCIALES FAILLITE ET LIQUIDATION JUDICIAIRE

Société. — La société est une association de personnes qui mettent quelque chose en commun en vue de réaliser des bénéfices et de se les partager. Si cette société emploie comme moyen le commerce, on dit que c'est une Société commerciale. On peut diviser les sociétés commerciales en deux grands groupes : les sociétés par intérêt et les sociétés par actions.

Société par intérêt ou en nom collectif. — La Société par intérêt offre ce caractère principal que les associés s'engagent personnellement et solidairement non seulement sur les biens qu'ils ont promis d'apporter pour la constitution de ladite Société, mais encore sur tous leurs biens.

Seules des personnes se connaissant parfaitement et ayant confiance les unes dans les autres peuvent constituer une semblable société.

L'*intérêt*, c'est-à-dire la part de chaque associé n'est ni cessible ni transmissible à ses héritiers. Cela veut dire qu'un associé ne peut pas céder, vendre sa part de son vivant, et qu'après son décès ses héritiers ne peuvent le remplacer. Dans ce dernier cas, la Société est obligée de se dissoudre.

Cependant une clause contraire pourrait décider qu'en cas de mort de l'un des associés la Société continuerait ses opérations.

Société par actions ou anonyme. — Quand il s'agit d'entreprendre des travaux de grande envergure, comme le percement du canal de Suez, par exemple, on a besoin de capitaux considérables, et une société par intérêts ne pourrait que très difficilement se constituer à cet effet. On a alors imaginé une autre société dite *société par actions.*

Un groupe d'industriels ou de financiers ont décidé d'entreprendre un grand travail, une ligne de chemin de fer, un port de commerce, etc.... On détermine d'avance le montant du capital qui sera nécessaire, 4, 5 ou 10 millions. Ce capital est divisé en fractions de 500, de 100 ou de 25 francs qu'on appelle des *actions* et qu'on offre au public. Ici les souscripteurs ne se connaissent pas, personne ne peut répondre sur ses biens du succès de l'entreprise et, en réalité, c'est plutôt une société de capitaux qu'une société de personnes, d'où son nom de *Société anonyme.* Contrairement à la société par intérêt, la société par actions ne se dissout pas si un ou plusieurs associés viennent à mourir, puisqu'elle ne les connaît pas. Les *actionnaires* peuvent vendre ou donner leurs actions à qui bon leur semble et, en cas de décès, ces actions passent à leurs héritiers. Si les actions sont au porteur, rien ne sera plus facile que de les transmettre d'une personne à une autre. Si elles sont nominatives, elles seront cédées par la *voie du transfert*, c'est-à-dire par une mention inscrite sur les registres de la Société et par la délivrance d'un nouveau titre ou du même titre, mais avec mention du nom, au nouvel actionnaire.

Grâce à ces mesures les actions sont des titres *négociables*, ce qui facilite la constitution de ces Sociétés, qui ont pris un si grand essor au XIXe siècle.

Société en commandite. — Entre les deux sociétés précédentes, l'une société de personnes, l'autre société de capitaux, se place une troisième forme de société qui tient de l'une et de l'autre. Elle comprend deux espèces d'associés : les *commandités* et les *commanditaires.*

Les premiers sont dans la situation des membres de la

société en nom collectif, c'est-à-dire qu'ils sont tenus indéfiniment et solidairement des engagements pris par la société et leurs noms figurent sous la raison sociale de la Société.

Les seconds, au contraire, ne sont pas tenus sur tous leurs biens, ils ne risquent que leur apport à la Société.

La Société en commandite est par *intérêt* si les commanditaires ne peuvent pas céder leur part, et par *actions*, dans le cas contraire.

Actionnaires et obligataires. — Les Sociétés commerciales n'émettent pas que des actions, elles offrent encore au public des *obligations*, à revenus fixes.

Les actionnaires sont membres de la Société tandis que les obligataires ne sont que des prêteurs de fonds. Les premiers partagent les bénéfices, s'il y en a, ou subissent les pertes ; les obligataires reçoivent les intérêts promis, excepté si la Société fait faillite, mais même dans ce cas, les obligataires sont remboursés avant les actionnaires.

La faillite. — La faillite c'est la situation d'un commerçant qui suspend ses paiements. C'est le tribunal de commerce qui la déclare, sur la demande même du commerçant, mais elle peut l'être aussi sur la demande d'un ou de plusieurs créanciers.

Effets du jugement déclaratif de faillite. — Le commerçant déclaré en faillite est dépossédé de l'administration de ses biens, c'est ce qu'on appelle le *dessaisissement*. Les créanciers forment *masse* et ne peuvent plus poursuivre leur débiteur individuellement. Le tribunal nomme des *syndics* provisoires qui sont chargés d'administrer le patrimoine du failli, de faire apposer les scellés sur ses meubles, de dresser une liste de ses créanciers, de convoquer ceux-ci en assemblée et enfin de nommer des syndics définitifs.

L'assemblée des créanciers peut opter entre trois solutions : 1° accorder au failli, s'il le demande, un *concordat*, c'est-à-dire un traité par lequel les créanciers font au commerçant une remise d'une partie de ses dettes, lui rendent l'administration de sa fortune et lui laissent un certain délai pour s'acquitter. Cette décision n'est valable que si elle est prise par la moitié plus un du nombre des créanciers et si le montant des créances de ceux qui sont partisans du concordat s'élève aux deux tiers du total des créances.

2° Refuser le concordat. Dans ce cas les créanciers sont en état d'*union*. Ils chargent les syndics de faire vendre les biens du failli, meubles, fonds de commerce, immeubles, de faire rentrer les créances, etc. Le montant est réparti par un juge commissaire au *marc le franc* entre tous les créanciers, après avoir toutefois prélevé la somme nécessaire aux créanciers privilégiés ou hypothécaires, s'il en existe.

3° Abandonner la procédure s'il est démontré que l'actif est par trop faible pour comporter les frais de procédure, mais l'union des créanciers peut reprendre plus tard si des ressources survenaient au failli.

Déchéances. — Le failli n'est éligible à aucune fonction élective et même il ne peut faire acte d'électeur pendant trois ans, après le jugement déclaratif de faillite.

Liquidation judiciaire. — Si le commerçant a déposé son bilan dans les quinze jours de la cessation de ses paiements et s'il est démontré qu'il a été plutôt malheureux que coupable, ou victime d'une catastrophe, de l'inondation, etc., le tribunal peut, sur la demande du commerçant, lui accorder la *liquidation judiciaire*, en vertu de la loi du 4 mars 1889. Le jugement produit presque les mêmes effets que celui qui a déclaré la faillite, mais le commerçant n'est pas dessaisi de ses biens dont il garde l'administration. Cependant on lui adjoint un liquidateur qui surveille ses actes dans l'intérêt des créanciers.

Le commerçant qui jouit de la faveur d'une liquidation judiciaire n'est plus éligible, mais il reste électeur.

Réhabilitation. — La réhabilitation rend tous ses droits au failli et au liquidé judiciaire. Elle a lieu de droit : 1° si le failli acquitte ses dettes, capital et intérêts dus pendant cinq ans; 2° dix ans après le jugement s'il n'y a pas opposition d'un créancier par acte. C'est pour cette raison que l'avis de demande de réhabilitation doit être adressé par lettre recommandée aux créanciers non intégralement payés.

Le jugement qui accorde la réhabilitation est transcrit sur le registre du tribunal du commerce du lieu de la faillite et de celui du domicile du failli.

Banqueroute. — La banqueroute est une infraction à la loi pénale, elle est connexe à la faillite.

Il y a *banqueroute simple* : 1° si les dépenses personnelles sont excessives ; 2° si le commerçant a fait des opérations de pur hasard à la bourse ou sur marchandises; 3° s'il a fait des achats pour retarder sa faillite et qu'il a revendu au-dessous des cours ; 4° s'il a payé un créancier au préjudice de la masse.

Il y a *banqueroute frauduleuse* : 1° s'il a soustrait ses livres, 2° détourné ou dissimulé une partie de son actif ; 3° s'il s'est reconnu frauduleusement débiteur de sommes qu'il ne devait pas.

Les banqueroutiers frauduleux ne peuvent être réhabilités.

TROISIÈME PARTIE

NOTIONS D'ÉCONOMIE POLITIQUE

GÉNÉRALITÉS

TREIZIÈME LEÇON

L'ÉCONOMIE POLITIQUE ET SOCIALE SES PRINCIPALES DIVISIONS

Définitions. — Le mot *économie* est formé de deux mots grecs qui signifient *lois de la maison*, c'est ce que nous exprimons aujourd'hui par les mots *économie domestique*. Le mot *politique* vient aussi d'un mot grec qui veut dire *ville, cité* et par extension *État*.

Donc l'économie politique, dans son sens étymologique, c'est la science qui a pour objet l'étude des institutions relatives à la richesse et des conséquences qui résultent de ces institutions pour le bien-être des nations. Ainsi par exemple, un parlement qui, voulant être agréable à la grande masse des travailleurs, relèverait imprudemment les salaires des ouvriers, pourrait commettre une faute grave et ruiner l'industrie du pays. En ce sens on dit aussi *économie sociale*.

L'économie politique est la *science de la richesse*, autrement dit, la *science morale*, qui a pour objet l'étude des lois naturelles suivant lesquelles, dans l'*état social*, l'homme *produit*, *échange* et *consomme* la richesse.

L'économie politique est une science d'observation. La *statistique* est son auxiliaire.

Il y a trois phases de la richesse et quatre grandes divisions de l'économie politique : 1re phase : *production* et *répartition*; 2e phase : *circulation*; 3e phase : *consommation*.

Le mouvement économique roule sur trois termes, deux termes extrêmes, le *besoin*, qui tourmente, et la *satisfaction*, qui apaise, et un terme moyen, l'*effort*, qui procure la satisfaction.

L'utilité et la richesse. — Pour obtenir cette satisfaction, il faut consommer de la richesse ou recevoir les services d'autrui, c'est-à-dire *consommer de l'utilité*. Cette expression ne saurait être comprise sans explication.

Un champ est *utile*, parce qu'il produit des récoltes. Le blé qu'on récolte est *utile*, parce qu'il nourrit. Une maison est *utile*, parce qu'on s'y loge. Un chapeau est *utile*, parce qu'il couvre la tête. Une machine à vapeur est *utile*, parce qu'elle fournit une force motrice. Un diamant est *utile*, parce qu'il satisfait le goût de la parure. Un bon livre est *utile*, parce qu'il instruit. Une visite de médecin est *utile*, parce qu'elle procure au malade les conseils de la science. Toute chose propre à satisfaire un besoin renferme de l'utilité; *son utilité consiste précisément dans l'aptitude qu'a cette chose à servir à la satisfaction des besoins de l'homme*.

C'est presque toujours l'homme qui donne aux choses leur utilité par son travail; par exemple, il tire le minerai du sein de la terre; avec le minerai, il fait du fer; avec le fer, des machines; minerai, fer, machines sont des *produits* qu'il a *créés* par le travail, c'est-à-dire par un effort intelligent.

L'homme crée-t-il réellement dans ce cas? Non; aucun être n'a le pouvoir d'ajouter ou de supprimer un seul atome de la matière qui existe, ni une seule parcelle de la force physique (nous ne disons pas force morale) dans le monde. Mais l'homme *produit*; c'est-à-dire que par son travail il dispose la matière de telle façon qu'elle serve ses desseins et satisfasse ses besoins et que, d'inutile ou de nuisible même qu'elle était pour lui, elle devienne utile. Donc, si l'homme ne crée pas la substance des choses, il crée l'*utilité* qui les rend propres *à satisfaire un besoin* et qui, par suite, leur donne une *valeur*.

De même, lorsqu'on mange du pain, on ne détruit pas la matière dont on fait le pain, mais on *consomme l'utilité du pain*, c'est-à-dire la propriété qu'a la farine de froment, cuite avec de l'eau, du levain et du sel, de fournir un aliment substantiel; le pain cesse immédiatement d'exister, quoique les matières dont il était composé continuent à subsister sous une autre forme. Lorsqu'on porte un chapeau, on *consomme l'utilité du chapeau*, laquelle consiste à être une coiffure convenable ou même élégante pour abriter la tête ; le chapeau, en vieillissant, perd peu à peu son utilité, si bien qu'on finit par le mettre au rebut. Quand on cultive un champ, on *consomme l'utilité du champ*, c'est-à-dire la force végétative de la terre qui produit les récoltes. Quoique le champ subsiste toujours, l'utilité qu'on en pouvait tirer pour une récolte est consommée ; mais, chaque année, on peut consommer une nouvelle utilité, parce que, chaque année, cette force se renouvelle par l'action de la nature et par les soins du cultivateur.

Tout objet matériel qui possède la qualité d'être utile est une richesse. La richesse d'une nation se compose de l'ensemble de toutes les choses utiles que cette nation possède.

Dans le langage ordinaire, on dit qu'un homme est riche quand il a des biens en abondance. Dans le langage économique, il n'est pas d'homme si pauvre qui n'ait et qui ne consomme de la richesse ; car les haillons du mendiant sont de la richesse et les aliments grossiers dont il se nourrit sont aussi de la richesse.

Les *richesses naturelles* sont celles que la nature fournit d'elle-même. C'est ainsi qu'une contrée dont le sol est fertile ou renferme des mines est plus riche qu'une contrée dont le sol est stérile et ne contient pas de minéraux utiles.

Les *richesses commerciales* sont celles que l'homme crée par son industrie, c'est-à-dire par son activité laborieuse, ou qu'il a utilisées en les appropriant à ses besoins. Comme les richesses naturelles se transforment en richesses commerciales dès qu'elles ont été appropriées par l'homme et exploitées par son travail, ces dernières constituent, en réalité, *toute la richesse* qui peut être vendue et achetée et qui, par conséquent, compte dans la fortune d'une nation.

La richesse comprend, d'une part, la *terre*, qui est, avec son *sol*, ses *matières premières* et les *forces de la nature appropriées*, un instrument de production, d'autre part, les *produits*, qui sont le résultat de l'industrie humaine, comme le blé récolté dans le champ ou comme la locomotive fabriquée dans l'usine, et qui peuvent être employés soit comme objet de consommation pour satisfaire des besoins personnels, soit comme instruments de production.

Le *travail* est l'application de la force productive de l'homme à la production de quelque utilité. — Le résultat de cet effort peut être un *service* ou un *produit*. — Au fond, toute l'activité économique a pour objet la production et l'échange de *services*.

L'industrie est l'application de l'activité humaine à la production et à la circulation de la richesse

I

PRODUCTION DE LA RICHESSE

QUATORZIÈME LEÇON

LES AGENTS DE LA PRODUCTION
NATURE, TRAVAIL, CAPITAL

Les sources de la production. — La production de la richesse exige la coopération de plusieurs éléments. Pour faire son œuvre, l'ouvrier emploie des matières premières, des outils et met en jeu des forces de la nature; ainsi l'agriculteur a besoin de la terre pour produire des récoltes.

La terre, la matière brute, les forces physiques sont du domaine de la *nature*. Le travail est le résultat immédiat de l'activité de *l'homme*. L'outil, la matière et la terre appropriés participent à la fois de la nature qui a fourni la substance et de l'homme qui en a fait ou en a augmenté l'utilité par son travail; ils constituent un élément particulier, d'origine mixte, qu'on nomme *capital*.

Donc *l'homme et la nature sont les sources premières de la production de toutes les richesses commerciales.*

Les conditions générales de la production. — On peut dire aussi par comparaison que l'homme et la nature sont les deux pôles de la production : la nature, réservoir inépuisable des forces physiques et de la matière, étant en quelque sorte le pôle négatif; l'homme, être actif et intelligent, étant le pôle positif. Car c'est lui qui veut et qui agit, qui exerce son activité soit sur lui-même pour conserver et développer sa force productive, soit au profit de ses semblables auxquels il rend des services, soit sur la nature dont il met en œuvre les forces et les matériaux.

L'homme contribue doublement à la production : par son *travail* et par ses *capitaux* Nous venons de dire que les capitaux ont une origine mixte; ils sont formés de produits épargnés, c'est-à-dire non consommés; ils sont en quelque sorte du travail humain incarné dans la matière et conservé par l'épargne.

Aussi peut-on définir de la manière suivante la *production industrielle,* celle qui crée des *produits* :

L'homme, par son travail, c'est-à-dire par l'effort de ses muscles et de son intelligence, et à l'aide de son capital, c'est-à dire à l'aide de produits de son travail épargnés, communique de l'utilité à la matière en employant les forces physiques; autrement dit, *l'homme utilise la nature.*

La création d'utilités qui consiste en *services* peut être définie de son côté :

L'homme se rend utile à l'homme par son travail.

En présentant ces définitions sous une forme synoptique, on fait mieux comprendre la relation des diverses parties :

SOURCES DE LA RICHESSE	ÉLÉMENTS DE LA PRODUCTION				RÉSULTATS
					Il résulte :
De l'action de l'HOMME (*principe actif* et seul facteur de la richesse)	fournissant :	son travail	musculaire . . intellectuel . .	1er élément.	
		et son capital	(produit résultant d'un *travail antérieur,* c'st-à-dire de l'action de l'homme sur la nature).	3e élément.	les *produits.*
sur					
la NATURE (*principe passif*).	fourn. :	les forces physiques et matières non appropriées; la terre, forces et matières appropriées.		2e élément.	

On peut même dire, en confondant la définition de la production matérielle et celle des services en une formule plus concise, mais sur laquelle il serait dangereux d'appuyer un raisonnement si l'on ne se rappelait pas toujours que travail implique ici deux éléments bien distincts, puisqu'il signifie à la fois travail proprement dit et capital :

La production est du travail (travail et capital) créant de l'utilité.

Tout travail n'est donc pas nécessairement une production, puisque produire ne consiste pas à se donner un mouvement stérile, mais à *créer de l'utilité*. Le résultat seul tranche la question. En travaillant, l'homme consomme des produits, d'abord sa subsistance et son entretien personnel; en second lieu ses matières premières, ses outils qu'il use; il détruit, par conséquent, des utilités, et il n'a réellement produit que *si, tout compte fait, la somme des utilités qu'il a créées est supérieure à la somme des utilités qu'il a détruites.*

Qu'a-t-il produit dans cette hypothèse? Précisément l'excédent de l'utilité créée sur l'utilité consommée. L'utilité créée s'appelle le *produit brut*; l'excédent s'appelle le *produit net*. Mais, si l'utilité créée est moindre que l'utilité consommée, il y a *perte* de richesse et appauvrissement.

C'est par le produit net que les individus et les sociétés s'enrichissent. Cependant la considération du produit brut, dont vit une grande partie de la population, est très importante pour juger de l'économie générale d'un peuple.

Nous étudierons dans l'ordre suivant les *trois éléments* de la production : *nature, travail, capital.*

QUINZIÈME LEÇON

LA NATURE

La nature et les agents naturels. — La nature comprend la totalité de la matière et de la force qui existe dans le monde; elle est le grand réservoir d'où l'homme tire les éléments de sa production. Elle lui fournit la *matière*, comme l'air, l'eau, la terre, les plantes, les animaux, et les *forces* inhérentes à cette matière, comme la chaleur, l'électricité, le vent, le cours des rivières, la puissance végétative, l'énergie musculaire et même l'intelligence des animaux.

La nature fournit à l'homme cette matière et ces forces tantôt en *quantité illimitée* ou à peu près, comme l'air que nous respirons, l'eau de la mer, et même, dans un grand nombre de cas pour les riverains, l'eau des rivières, tantôt en *quantité limitée*, comme le diamant ou comme la terre elle-même. Cette distinction est importante, car elle donne lieu à des phénomènes économiques très différents.

Quoi qu'il en soit, ces éléments, matière ou forces, illimités ou limités, ne se présentent pas à l'homme combinés d'avance en vue de la plus grande utilité qu'il en puisse retirer. Il faut, suivant l'expression de la Bible, que l'homme mange son pain à la sueur de son front. Dans les contrées dont il n'a pas encore pris possession et où la nature domine sans partage, les terrains les plus fertiles se couvrent, avec les siècles, de forêts magnifiques sans doute, mais où il est presque impossible de pénétrer autrement qu'avec la hache et où les grands carnassiers et les reptiles venimeux règnent en souverains. Dans les vallées où s'est accumulée la terre végétale, les rivières épandent leurs eaux et des marais pestilentiels couvrent l'humus qui pourrait donner les plus riches récoltes. Les fleuves abondent en poissons; mais ici les rives détrempées sont inabordables, là des animaux malfaisants en rendent les abords dangereux. Les torrents descendent des hauteurs en grondant et en dévastant; les richesses minérales sont enfouies dans les entrailles de la terre, déguisées sous diverses combinaisons et cachées d'ordinaire dans les régions les moins accessibles. Aussi n'y a-t-il rien de plus misérable et de plus précaire que l'existence des peuplades sauvages qui abandonnent à la nature le soin de régler la production de leur subsistance.

L'emplacement. — C'est l'espace nécessaire pour cultiver, construire des maisons d'habitation et des usines, tracer des routes pour aller et venir.

Le milieu physique. — Ce sont les climats plus ou moins tempérés, la situation géographique plus ou moins avantageuse, la constitution du sol et celle du sous-sol plus ou moins riche en matériaux utiles.

Matières premières. — Ce sont les matières propres à produire des richesses, grâce à l'activité de l'homme : terres à briques, à poterie, pierres à tailler pour les constructions, pierres calcaires pour la fabrication de la chaux ; graines confiées à la terre pour récolter le blé, l'orge, l'avoine, le lin, le chanvre, le coton, les bois si divers et si variés ; les métaux précieux, l'or, l'argent, d'autres métaux non moins utiles comme le fer, le cuivre, l'étain, le platine; la houille si nécessaire à une foule d'industrie; c'est encore la laine des animaux, la soie, le gibier, les substances chimiques, etc., etc.

Il existe dans la nature de nombreux éléments que l'homme

n'a pas encore utilisés complètement. Sans doute, il a déjà pu recueillir les forces, jusqu'alors perdues, des chutes d'eau — c'est la houille verte ou la houille blanche — qui ont produit l'éclairage électrique jusque dans les plus petits hameaux, mais que lui réserve l'utilisation pratique des marées, de la chaleur solaire?

SEIZIÈME LEÇON

LE TRAVAIL

Le travail. — Le travail est l'application de la force productive de l'homme à la production de quelque utilité, il est la principale source de la production, le rôle prédominant appartenant à l'homme dans cette œuvre.

L'homme est à la fois un corps et une intelligence; quand il travaille, le corps se meut et l'intelligence le dirige. Aussi distingue-t-on deux espèces de travail : le *travail musculaire ou manuel* et le *travail intellectuel*.

En réalité, tout travail, quel qu'il soit, suppose une coopération du corps et de l'esprit. Car, d'une part, le travail le plus matériel, celui du manœuvre tournant une manivelle par exemple, ne pourrait avoir lieu si son cerveau ne commandait aux muscles de ses bras et ne réglait la direction et la vitesse du mouvement; d'autre part, la leçon du professeur ou la pensée de l'écrivain, qui sont au nombre des travaux les plus intellectuels, ne pourraient se manifester si la bouche n'exprimait les paroles ou si la main ne conduisait la plume.

Néanmoins la distinction est fondée; elle signifie prédominance de l'action musculaire ou de l'action intellectuelle.

Le travail musculaire et le travail manuel. — Nous avons dit qu'à quelque travail que l'homme se livre, il est obligé de faire agir ses muscles. Nous pouvons ajouter que, quelque aidé qu'il soit par des machines dans le mouvement à imprimer à la matière, il faut toujours que ses bras ou ses pieds commandent et dirigent ce mouvement.

On appelle ordinairement *travail manuel*, c'est-à-dire travail des mains, tout travail dans lequel prédomine l'action musculaire. Or il n'est pas de produit industriel qui n'exige une dépense plus ou moins grande de travail musculaire; le travail manuel est ainsi un facteur essentiel de la production. Il peut être accompli par diverses espèces de personnes, soit des artisans travaillant pour leur propre compte, soit des ouvriers et des employés travaillant pour le compte d'autrui.

Il peut être plus ou moins efficace suivant l'objet auquel on l'applique et suivant l'outillage dont on l'arme. Cependant la question de la faculté de travail inhérente à l'homme est distincte de celle de l'outillage.

Le travail intellectuel. Invention. Direction. — Si tout travail manuel suppose une certaine action de l'intelligence, tout travail intellectuel, avons-nous dit, ne se manifeste extérieurement — et il faut qu'il devienne extérieur pour contribuer à créer un produit ou pour rendre un service — que par une certaine action musculaire.

Pour décider si un travail est intellectuel, il y a non seulement une question de degré, mais une question d'espèce. Un bon ciseleur qui déploit une habileté et un goût dignes d'un artiste fait cependant un travail manuel. L'*artiste*, qui de ses mains a composé la maquette d'après laquelle le fondeur a coulé le bronze et le ciseleur lui a donné le fini, a fait un travail qu'on peut nommer intellectuel, parce que dans ce dernier cas l'art l'emporte sur la main d'œuvre.

Dans une grande fabrique, l'*ingénieur* qui est chargé de la direction des machines et qui, par ses observations et ses calculs, *invente* une disposition des arbres de couche et des poulies de renvoi qui augmente la quantité de force disponible ou économise la dépense de combustible, fait un travail intellectuel très profitable; ce sont des ouvriers qui, par un travail manuel, exécuteront ses plans. Le *patron* qui lit sa correspondance à chaque courrier, qui donne à ses commis ses instructions pour les réponses à faire et pour les comptes à dresser, qui expédie ses ordres d'achat et fait ses offres de vente, qui se promène dans ses ateliers en surveillant les contremaîtres et les ouvriers, fait un travail intellectuel qui est de la plus grande importance; car c'est de lui que dépend principalement le succès ou l'insuccès de l'entreprise : suivant la gestion de l'entrepreneur, toute la somme des efforts et des capitaux dépensés dans l'établissement aboutit à une création d'utilité ou à une perte.

Artiste, ingénieur, patron font les uns et les autres des travaux intellectuels.

Conditions de productivité du travail. — Les qualités que réclame le travail manuel : force musculaire et moralité, s'appliquent aussi au travail intellectuel. Mais il y en a une qui domine incontestablement et de très haut toutes les autres c'est l'*intelligence*.

Les principaux effets de l'intelligence appliquée à la production sont :

1° Sur la *matière : découvrir* des matières ou des forces inconnues ; donner de *nouveaux emplois* et partant plus d'utilité à des matières et à des forces connues ; *prévenir le gaspillage* de la matière ou de la force employée ; *perfectionner l'outillage.*

2° Sur l'*homme* : *accroître l'habileté individuelle* du travailleur ; *diriger le travail manuel* ou lui donner une *direction plus profitable* ; tirer un parti plus avantageux des forces combinées pour la production par *une division et une organisation meilleures du travail.*

DIX-SEPTIÈME LEÇON

LA DIVISION DU TRAVAIL

Quand on parle de la *division du travail*, il faut entendre, ou bien la spécialisation des professions, ou bien la division des tâches.

Spécialisation des professions. — Dans toute société civilisée on comprend aisément qu'une grande coopération s'établit naturellement et que la séparation des professions devient une nécessité dont la collectivité doit profiter. Celui-ci préférera le métier de maçon, celui-là de boulanger, un troisième aura plus d'aptitudes pour une profession libérale : avocat, notaire, médecin, etc....

Division des tâches. — Dans une même profession on s'est vite aperçu qu'il y a intérêt à décomposer la production du travail en un nombre plus ou moins grand de tâches. Adam Smith, frappé de l'importance de la division du travail citait l'exemple d'une fabrique d'épingles dans laquelle 10 ouvriers faisant chacun un petit nombre d'opérations et toujours les mêmes, produisaient ensemble 48000 épingles par jour soit 4800 épingles par ouvrier. Que dirait-il aujourd'hui que, grâce à cette division et à l'emploi de machines, un ouvrier en produirait à lui-seul plus d'un million et demi par jour.

Citons encore un exemple curieux :

A la ville, le fabricant de toiles a vu son industrie prospérer. Il n'avait que deux métiers, un pour lui, un pour sa femme, et ils faisaient tout par eux-mêmes, perdant à chaque changement d'occupation un temps considérable. Il a maintenant manufacture et de nombreux ouvriers. Il se garde bien d'imposer à chacun la diversité des besognes qu'il accomplissait de ses mains. Voici des enfants : ils feront des canettes, c'est-à-dire prépareront sur des bobines les fils de trame, travail qui n'exige qu'une attention médiocre et très peu d'efforts musculaires. Voici des femmes : elles ourdiront, c'est-à-dire prépareront la chaîne. Voici des hommes : ils pareront, c'est-à-dire enduiront d'une colle particulière cette chaîne, exercice qui exige plus de force et d'adresse. Des jeunes filles monteront la chaîne, c'est-à-dire en pesseront les fils dans les maillons des lisses, dans les dents du peigne et disposeront le harnais. Des femmes tisseront. Des mécaniciens répareront l'outillage et des chauffeurs entretiendront la machine à vapeur qui donne le mouvement à tout l'atelier. Des contremaîtres et peut-être un directeur surveilleront, sans faire battre eux-même un métier. Des commis tiendront des comptes; un caissier recevra et payera. Tandis que le patron vaque à ses affaires, ses domestiques lui épargneront les mille soins de la vie journalière qui absorberaient une grande partie de son temps. A chacun sa fonction, et une fonction, autant que possible, conforme à sa capacité. Le résultat n'est pas douteux : la somme des produits obtenus par cette opération sera beaucoup plus grande que celle que donneraient les mêmes travailleurs dans le même nombre d'heures s'ils étaient isolés et réduits à accomplir par eux-mêmes toutes les opérations relatives au tissage.

Avantages de la division du travail. — Ces exemples suffisent pour nous indiquer les avantages de la division du travail :

1° La séparation des professions permet à chacun de s'adonner au travail qui lui convient le mieux;

2° Elle facilite l'habileté professionnelle ;

3° La division des tâches augmente la production dans de grandes proportions.

4° Elle évite une perte de temps considérable ;

5° Elle permet l'emploi des machines.

6° Elle permet aussi l'emploi simultané des diverses parties de l'outillage ;

7° Elle procure du travail au plus intelligent, comme aux plus faibles de constitution, aux femmes et aux enfants ;

8° Elle produit à bon marché et assure plus de confort aux consommateurs ;

9° Elle exige moins d'effort et pourtant permet de réduire la journée de travail ;

10° Elle économise le temps de l'apprentissage.

Inconvénients de la division du travail. — Mais comme pour toute institution humaine, la division du travail offre certains inconvénients indéniables :

1° Elle transforme l'ouvrier en machine et l'abrutit en l'assujettissant à une besogne matérielle, toujours uniforme et monotone.

2° Elle le rend inapte à tout autre travail et le met à la merci d'un renvoi facile et du chômage ;

3° Elle lui interdit toute recherche, toute innovation ;

4° Elle risque de priver l'humanité entière des produits qu'aurait monopolisés un pays ; c'est ce qui s'est passé lors de la guerre des États-Unis qui fit brusquement cesser la culture du coton. Ces reproches sont fondés pour certaines industries, mais combien d'autres pour lesquelles une extrême division du travail est reconnue impossible, tels, par exemple, les travaux agricoles, les industries de luxe. Enfin il faut tenir compte des débouchés, des prix de transport, des droits de douanes, toutes causes qui empêchent la division extrême du travail et partant la surproduction.

Grandes applications du travail humain. — Le travail de l'homme s'applique à l'agriculture, à l'industrie et au commerce.

L'*agriculture* a pour objet de faire produire au sol les choses nécessaires à la nourriture de l'homme et des animaux domestiques ainsi que les matières premières végétales utiles à l'industrie, coton, lin chanvre, betterave, etc....

L'*industrie* est l'ensemble des opérations qui concourent à la transformation des matières premières en vue de les rendre utiles à l'homme pour la satisfaction de ses besoins.

Le *commerce* est cette partie de l'activité humaine qui transporte les produits de toutes sortes de leurs pays d'origine dans d'autres pays, accroissant ainsi la valeur de ces produits.

DIX-HUITIÈME LEÇON

LES MACHINES[1]

Industrie manufacturière. — On entend par industrie manufacturière, au sens étroit du mot, celle qui transforme les matières premières par le seul travail de la main, mais en réalité on a étendu cette définition à la transformation de ces matières premières au moyen des *machines* mues par des moteurs mécaniques plus ou moins puissants.

Les machines. — Les machines forment une subdivision très importante de l'outillage. Elles sont de nos jours un des modes d'action les plus ordinaires et les plus énergiques du capital. Elles existaient à peine il y a deux cents ans, et l'économie politique, si elle avait alors existé elle-même à l'état de science distincte, les aurait volontiers confondues avec le reste de l'outillage. Elles ne sont en effet, à proprement parler, que des outils perfectionnés. La nature n'a armé le corps de l'homme que de pieds et de mains munies d'ongles. Tout ce que son intelligence a su y ajouter, depuis la ligne du pêcheur dont l'hameçon et l'appât vont jusqu'au fond de l'eau tromper et retenir le poisson, ou la houe du cultivateur qui fouille la terre, depuis la lime du serrurier qui mord le fer ou la truelle du maçon qui prend le plâtre, le glisse dans les interstices des pierres et en unit la surface, jusqu'à la machine à vapeur qui fait mouvoir tous les engins d'une grande usine ou à l'appareil télégraphique qui transmet et enregistre les dépêches, tout est *outil* ou *machine*, c'est-à-dire *instrument passif que la volonté du travailleur fait mouvoir*.

1. Pour respecter l'ordre du programme officiel nous plaçons ici la leçon sur les machines, mais cette leçon serait peut-être mieux à sa place après l'étude sur le capital puisque les machines font partie du capital de l'industriel.

Tant que l'instrument est *mû par la main même du travailleur*, comme la lime, la scie, le marteau, le pinceau, on le désigne sous le nom d'*outil.*

On l'appelle *machine* lorsque *le travailleur ne fait plus que diriger un instrument dont il n'est pas le moteur.* Une scie circulaire qu'une machine à vapeur fait tourner et à laquelle le menuisier n'a qu'à présenter sa planche est une machine, tandis que la scie que conduit la main de son voisin est un outil. La bêche et le râteau sont des outils; la charrue et la herse sont des machines. La rame est un outil; l'hélice d'un bateau à vapeur est l'organe d'une machine.

On appelle *machine-outil* une machine actionnée par un moteur mécanique qui transmet le mouvement à des instruments semblables aux outils. telle est la machine à coudre, la machine à percer le fer des serruriers, etc....

Avantages des machines. — 1° Les machines économisent la main-d'œuvre et contribuent au bon marché des produits;

2° Elles épargnent à l'ouvrier les travaux les plus durs et rendent le travail manuel moins pénible;

3° Elles rendent la production plus rapide et plus abondante et, partant, elles accroissent la richesse;

4° Elles augmentent la puissance d'action de l'homme sur la nature en augmentant considérablement sa force en lui communiquant des qualités dont ses organes n'étaient pas capables;

5° Elles sont, jusqu'à un certain point, une garantie contre le chômage;

6° Elles disciplinent l'ouvrier;

7° Enfin, ce qui trancherait le débat, s'il y en avait encore parmi les gens sérieux sur l'opportunité de leur emploi, *lorsqu'elles existent, elles s'imposent* bientôt comme une nécessité, parce que la concurrence ne permet pas à un manufacturier de travailler longtemps avec des outils imparfaits quand d'autres produisent avec des machines économiques.

Critiques adressées à l'emploi des machines. — 1° On a accusé la machine d'abrutir l'ouvrier. en condamnant, par exemple, un homme à faire toute sa vie la même tête d'épingle, en même temps que de l'appauvrir en supprimant une partie de la main-d'œuvre.

Le premier reproche provient d'une vue étroite. Sans doute,

dans certaines industries, les longs apprentissages par lesquels on apprenait à fabriquer toute la diversité des produits d'une même industrie ne sont plus nécessaires parce que la division du travail a amené la spécialité ; sans doute aussi, un ouvrier ordinaire, la machine aidant, suffit très souvent là où il fallait auparavant un ouvrier fort ou un ouvrier habile : il y a de ce chef certaines catégories d'ouvriers dont le travail n'est plus aussi recherché et dont le salaire qui en résulte n'est plus aussi élevé qu'auparavant.

Mais tous les ouvriers qui travaillent avec des machines ont besoin de *plus d'activité*, parce qu'en général la machine va vite et qu'il faut aller aussi vite qu'elle pour s'en servir.

Les machines sont des outils compliqués et savants; leur *fabrication* implique d'ordinaire une *dépense d'intelligence plus grande* chez les ouvriers qui les ont produites que la fabrication des simples outils dont on se contentait autrefois. Souvent aussi leur *emploi* exige *plus d'intelligence* : il est évident, par exemple, que la bonne femme qui file la quenouille dépense moins d'activité et fait preuve de moins d'intelligence que l'ouvrier qui conduit un métier renvideur, surveille 1000 broches et rattache les fils cassés avec une telle dextérité qu'on a peine à apercevoir ce qu'il fait.

2° La machine ruinerait l'ouvrier. — Tout en procurant une économie sur le produit et un bénéfice à l'entrepreneur, serait-il vrai que les machines fissent la ruine de la classe ouvrière, parce qu'il y a des ouvriers congédiés, et qu'elles eussent pour résultat dernier l'enrichissement des riches et l'appauvrissement des pauvres? Il y a trois quarts de siècle, Sismondi a porté contre elles, cette accusation, que d'autres, après lui, ont répétée et exagérée. Il suffit de rappeler deux notions élémentaires de l'économie politique pour dissiper ce fantôme :

1° C'est le plus souvent avec des marchandises produites, des salaires gagnés, des revenus perçus que les produits s'achètent. Par conséquent, plus chaque producteur produit dans sa journée, plus est grande la quantité de choses utiles qu'il peut vendre et acheter et, par suite, consommer comme rémunération de son travail ou de son capital,

2° Le capital naît de l'épargne. Or le capital est le fonds qui alimente les salaires. Partant, les bénéfices supplémentaires faits par le patron avec une machine nouvelle, ayant chance d'être capitalisés au moins en partie, procureront du travail à des salariés; soit dans la même industrie, à laquelle le bon marché des produits ouvrira des débouchés plus étendus, soit dans une autre industrie.

La statistique constate que nulle part les ouvriers ne sont en plus grand nombre que dans les contrées où il y a beaucoup de machines et que, dans l'industrie, sinon dans l'agriculture, leur nombre augmente en même temps qu'augmentent les machines. En France, les départements qui ont le plus de machines à vapeur, comme le Nord, le Pas-de-Calais, le Rhône, la Seine-Inférieure, la Seine, sont au nombre de ceux qui, avec une population déjà dense, voient cette population s'accroître le plus d'un recensement à l'autre, et sont aussi ceux où les salaires sont en général le plus élevés.

On peut donc dire d'une manière générale : *les machines attirent et multiplient les ouvriers.*

Ceci ne veut pas dire que l'introduction d'une machine nouvelle dans une industrie ne puisse, comme toute modification d'un ordre quelconque dans l'économie sociale, causer momentanément un trouble général et même porter un préjudice définitif à certains intérêts particuliers. Cependant la révolution économique se fait d'ordinaire avec une certaine lenteur, parce qu'un nouvel outillage est coûteux, qu'on se sert — à tort le plus souvent — de l'ancien aussi longtemps qu'on peut résister, et que tous les entrepreneurs n'accomplissent pas le changement au même moment. Les ouvriers ont ainsi des années devant eux, les anciens pour chercher peu à peu d'autres ateliers, les nouveaux pour ne pas entrer dans l'industrie menacée ; ce qui ne veut pas dire que tous peuvent ou savent profiter de l'avertissement. En cette matière comme en bien d'autres, il y a des exceptions et au-dessus des exceptions la règle générale que la science économique enseigne.

DIX-NEUVIÈME LEÇON

LE CAPITAL

Dans le langage ordinaire le mot *capital* désigne toute espèce de richesse. La langue économique ne lui donne pas ce sens, à la fois étendu et vague, parce qu'il est bon de désigner les choses distinctes par des expressions distinctes.

Toute richesse n'est donc pas nécessairement du capital et n'est pas destinée à le devenir. Les revenus des rentiers ne sont pas des capitaux. Quoique les salaires soient payés par le capital, ils ne sont plus un capital dès qu'ils sont en la possession des ouvriers et que ceux-ci les dépensent pour vivre. Il y a ainsi une grande partie du revenu d'une nation qui forme le *fonds de consommation*, ou fonds *de jouissance*, c'est-à-dire la *portion de la richesse dépensée pour l'entretien personnel et pour les consommations de luxe.*

On conçoit qu'une même somme puisse passer de la catégorie du capital dans celle du fonds de consommation. Ainsi, au moment où le patron tire de sa caisse l'argent pour la paye de ses ouvriers, c'est un capital qu'il donne, et l'ouvrier, lorsqu'il compte cet argent à son boulanger, puise dans son fonds de consommation.

Dans quelques cas, relativement rares, le capital peut avoir une autre origine qu'un produit du travail humain. C'est ce qui a lieu quand, par droit d'accession, une bande de terre s'ajoute à la propriété d'un riverain, ou quand, dans une contrée inhabitée, le premier occupant ensemence un champ.

Pour qu'il y ait capital, il faut trois conditions :

1° Un *produit* ou une chose matérielle appropriée par l'homme ;

2° L'*épargne* de ce produit ;

3° L'*emploi en vue d'une production* ou, suivant un terme fréquemment employé, en vue de la reproduction, puisque le capital est un produit et qu'il est consommé en vue de reproduire une nouvelle richesse.

Les deux premières sont les conditions préalables : d'elles dépendent l'abondance ou la rareté du capital. Si l'on produit peu, il sera de toute impossibilité qu'il y ait beaucoup de capitaux ; d'autre part, si, tout en produisant beaucoup, on épargne peu, il sera encore impossible d'avoir beaucoup de capitaux ; car production, épargne, consommation, capital sont des phénomènes liés entre eux par des rapports étroits.

Le rôle du capital est très important dans la production, bien qu'il soit passif, comme celui de la nature. L'expérience nous montre :

Que *le travail, dans une société civilisée, ne peut rien sans le capital*, et que *le capital ne peut jamais rien sans le travail ; ce sont deux alliés nécessaires l'un à l'autre* ;

Que *le capital alimente le travail,* puisqu'il paye les salaires et nourrit le producteur, qui est payé d'ordinaire après avoir fourni son travail et qui consomme toujours pour vivre avant que le produit de ce travail ait pu être achevé et transformé par la vente en objets propres à sa consommation personnelle;

Que *le capital contribue à rendre le travail manuel moins pénible*, puisqu'il arme l'ouvrier d'outils plus perfectionnés;

Par conséquent, que *le capital commande le travail*, c'est-à-dire qu'*aucun travail ne saurait être exécuté*, dans l'état actuel de nos sociétés, *sans un capital préexistant*;

Enfin, que *la somme des travaux qui peuvent être entrepris* est subordonnée, entre autres conditions, à *la somme des capitaux disponibles*.

Nous pouvons donc conclure en disant : *Plus il y a de capital, plus il y a de travail.*

Le capital fixe. — Il faut distinguer le *capital fixe* et le *capital circulant*. Cherchons à nous rendre compte de la nature de de l'un et de l'autre, en prenant l'exemple d'une imprimerie.

Avant de s'installer dans le local qu'il a loué, l'imprimeur a dû le faire disposer pour y placer commodément son atelier de composition, ses presses, sa machine, ses bureaux : il a fait des *frais d'aménagement*, qui sont relativement considérables et qu'il ne peut récupérer que par un lent amortissement. Quand le local s'est trouvé prêt, il a fallu que l'imprimeur achetât une machine à vapeur, qu'il la fît poser dans l'établissement avec les transmissions nécessaires, qu'il munît ses ateliers de presses, de tables, de casses : il a fait ainsi les *frais du mobilier industriel*, qui sont généralement plus élevés que ceux de l'aménagement et dont le recouvrement est également lent. Les uns et les autres sont souvent confondus sous le nom de *frais de premier établissement* et font partie du capital fixe.

Une fois installé, l'imprimeur a besoin de se munir de rouleaux, de caractères typographiques, de formes, et d'une foule d'autres objets qui constituent l'*outillage du métier*; cet outillage est encore du capital fixe, destiné à servir à une longue suite d'impressions. Il servira moins longtemps cependant que les presses et les casses; c'est pourquoi il est bon, quand on analyse le rôle du capital, de faire de l'outillage une catégorie particulière.

Le *capital fixe* d'une entreprise comprend donc :

1° Le *fonds de terre* pour le cultivateur, les *bâtiments* pour le cultivateur et l'industriel ;

2° Les *améliorations foncières* pour les industries agricoles et extractives, distinguées en améliorations permanentes, comme drainage, et en améliorations temporaires, comme marnage ;

3° Les frais d'installation et le mobilier d'exploitation, constituant les *frais de premier établissement* ;

4° L'*outillage*, qui comprend les machines, et, pour les agriculteurs, le cheptel vivant et qui est lui-même une division du mobilier d'exploitation ;

5° Le *mobilier personnel* de l'entrepreneur.

Le capital circulant. — L'atelier d'imprimerie que nous avons pris comme exemple pour analyser le capital fixe n'est pas encore en activité. Pour l'y mettre, il faut que le patron ait du travail à exécuter et, pour l'exécuter, des travailleurs sous ses ordres et des matières premières dans son magasin. Ces travailleurs, au nombre desquels il se place lui-même en première ligne, ont des fonctions différentes ; les uns au bureau, désignés sous le nom d'employés ; d'autres à la machine à vapeur, d'autres aux casses, aux presses, chauffeurs, compositeurs, tireurs, etc., désignés sous le nom d'ouvriers ; d'autres distribuant, surveillant, revisant le travail, sous le nom de contremaîtres ou de protes. Patron, employés, ouvriers, contremaîtres dépensent chaque jour pour vivre ; le premier dépense un argent qu'il prend dans sa caisse pour ses *frais de maison* ; les autres, un argent qu'ils ont reçu chaque mois ou chaque semaine à titre d'*appointements* ou de *salaire* et qui est tiré de la même caisse. Cette caisse contient du capital, et du capital qui commande au premier chef le travail, puisqu'il fournit l'*entretien de tous les travailleurs*.

Ce n'est pas du capital fixe. Chaque mois, ce capital est peut-être entièrement consommé, on pourrait dire chaque jour, si la paye avait lieu chaque jour. Il faut donc, en admettant que l'opération ait été bien conduite, qu'il se trouve tout entier dans le produit obtenu chaque jour ou chaque mois : c'est le caractère distinctif du *capital circulant*.

C'est donc par conséquent au capital circulant qu'on doit attribuer tout ce qui, étant consommé entièrement dans un court espace de temps, doit se retrouver entièrement dans un ou plusieurs produits, par exemple la houille qui fait marcher la machine à vapeur, l'eau dont l'industriel paye la concession, l'encre, le papier, *toutes les matières premières* en un mot.

On peut placer dans la même catégorie les provisions de ménage, vin en cave, conserves dans l'armoire, etc., que le patron destine à sa consommation personnelle, mais à condition d'en faire un chapitre distinct; il y a toujours un grave inconvénient à confondre les dépenses personnelles du patron avec les dépenses industrielles de l'entreprise.

La même caisse a fourni ces sommes. Elle contient soit des espèces sonnantes, soit des billets de banque, soit des effets de commerce, soit de simples créances par compte courant dont le total compose le *fonds de roulement*. A mesure qu'elle se vide d'un côté pour fournir aux frais des opérations présentes, elle se remplit d'un autre côté par les sommes que les acheteurs versent en payement des opérations antérieures.

Le capital circulant comprend en outre les *produits en fabrication*, encore inachevés, et les *produits fabriqués*, existant en magasin.

Capital fixe et capital circulant ne sont pas séparés par une barrière infranchissable; on voit même que les capitaux passent fréquemment d'une catégorie à l'autre, puisque la caisse fournit l'argent nécessaire pour acheter les machines et qu'une partie de la valeur du capital fixe d'une entreprise se mobilise en quelque sorte chaque année par l'amortissement. Tel objet, qui est du capital circulant ici, devient là du capital fixe : ainsi la machine à vapeur est un produit, fabriqué surtout avec du capital circulant, chez le constructeur qui la vend; elle est du capital fixe chez le manufacturier qui l'a achetée. On peut même dire que l'argent, qui est du capital pour les particuliers, est une manière de capital fixe pour le pays dans lequel il circule sans être consommé, immédiatement du moins.

On dit d'un homme qui place son argent et qui cherche les meilleures combinaisons pour en tirer un intérêt qu'il fait valoir ses capitaux. Il s'agit dans ce cas d'un capital circulant que le propriétaire engage et qui se transforme peut-être en capital fixe par l'achat d'actions ou d'obligations, c'est-à-dire d'une part ou d'une créance dans une entreprise industrielle, et que ce propriétaire peut dégager ensuite et ramener à l'état de capital circulant en vendant ses titres.

Lorsqu'un industriel établit le prix de vente de ses produits, il doit tenir compte du capital circulant, qui se renouvelle sans cesse, et du capital fixe qui s'use plus lentement, mais qui s'use cependant et qu'il doit *amortir* peu à peu. Supposons, par exemple, qu'une machine d'imprimerie ayant coûté 6000 francs soit usée en 20 ans, l'imprimeur devra mettre en réserve, tous les ans, une somme de 300 francs, pour l'amortissement de cette machine et il devra tenir compte de cette dépense annuelle lorsqu'il s'adressera à ses clients pour réclamer le fruit de son travail personnel, celui de ses ouvriers et les avances qu'il a pu faire en capital circulant et en capital fixe.

VINGTIÈME LEÇON

RÉSULTATS DE L'ASSOCIATION DU CAPITAL ET DU TRAVAIL

Nous avons dit que le travail ne peut rien sans le capital et le capital, rien sans le travail, que ce sont deux alliés nécessaires l'un à l'autre. L'un et l'autre *associés* sous forme d'outils, de machines, de locaux, d'argent, etc., ont donné des résultats merveilleux au point de vue de la production des richesses, mais ces associations sont très variées et très diverses selon qu'il s'agit de la grande production ou de la petite production, c'est-à-dire de la grande ou de la petite industrie, de la grande ou de la petite culture.

La grande industrie. — Il est parfois difficile de dire où commence la grande industrie, où finit la petite industrie. Dans la grande industrie les capitaux engagés sont souvent élevés, les machines puissantes et nombreuses, la division du travail poussée à l'infini et la production considérable.

Avantages : cause générale de bien-être pour un pays parce qu'elle permet aux capitalistes de courir peu de risques par la constitution des sociétés par actions[1], qu'elle crée toute une hiérarchie parmi les travailleurs, directeurs, administrateurs, contrôleurs, contremaîtres, etc., et enfin qu'elle produit à bon marché.

Inconvénients : on lui reproche de ruiner la vie de famille parce qu'elle prend les femmes et les enfants pour les besognes

1. Voir page 119.

moins pénibles; avec un personnel aussi nombreux il y a forcément du coulage et des pertes sérieuses, enfin pour rivaliser avec les concurrents les produits sont souvent offerts aux consommateurs à des prix trop réduits.

La petite industrie. — Si la petite industrie n'offre pas les mêmes avantages que la grande, elle n'a pas non plus les mêmes inconvénients. Au surplus, il existe des produits où le goût, le fini, l'élégance ou la perfection doivent l'emporter sur le bon marché et pour lesquels la petite industrie convient seule.

Dans la petite industrie le patron connaît mieux ses ouvriers, car il a souvent débuté comme apprenti, puis est devenu ouvrier, il est en contact avec eux et sait quels sont leurs besoins; bien rares sont les ouvriers salariés qui, dans la grande industrie, s'élèvent aux plus hautes fonctions de directeurs, d'administrateurs, tandis que dans la petite industrie, chacun peut espérer avec de la conduite, du courage et de l'intelligence, parvenir au rang de patron et comme il connaît le métier il évite le coulage et les abus si fréquents de la grande industrie.

Rôle de l'entrepreneur. — L'entrepreneur est une personne qui prend à son compte — ou au compte d'une société qu'il représente — les risques d'une opération commerciale, industrielle ou agricole. Parfois l'entrepreneur n'a aucun capital à sa disposition, il en emprunte et s'engage à rembourser, soit des intérêts, soit une part des bénéfices que pourra donner l'entreprise.

Le rôle de l'entrepreneur est des plus importants : choix de l'emplacement, calcul des chances possibles, des pertes inévitables, installation des usines et de leur outillage, achat des matières premières, embauchage des ouvriers, direction de la production, son écoulement sur le marché, tout cela incombe à l'entrepreneur.

Grande et petite culture. — La *grande culture* est celle qui opère sur des domaines, qui n'ont pas moins de 40 hectares de superficie au moyen de nombreuses machines perfectionnées et d'une grande quantité d'animaux domestiques.

La *moyenne culture* comprend celle qui travaille sur des terroirs dont la superficie va de 10 à 40 hectares et la *petite culture*, celle qui ne possède qu'un très petit matériel agricole et ne cultive que des surfaces dont l'étendue est inférieure à 10 hectares.

La grande culture offre les mêmes avantages économiques que la grande industrie, mais aussi les mêmes inconvénients.

Aussi la petite culture lui est-elle préférable en ce sens qu'elle donne au petit propriétaire la joie de travailler *sa terre*, de diriger *ses animaux*, de remplacer avantageusement le fermier qui travaille pour un autre et qui est naturellement porté à moins d'activité. La petite culture convient seule à la culture maraîchère, près des villes et tout compte fait, si l'on additionne les produits agricoles de la petite culture, ils sont plus considérables que ceux de la grande culture.

Coalitions de producteurs agricoles. — Depuis une loi récente de 1906, il se forme, en France, nombre d'associations coopératives agricoles qui ont pour but d'acheter en gros des instruments aratoires, des semences, des engrais, etc., de fabriquer en commun du beurre et du fromage, d'écouler les produits naturels du sol, les fruits, etc., à des prix raisonnables. On ne peut qu'approuver de pareilles associations qui recueillent les avantages de la grande culture sans souffrir de ses inconvénients. En 1907, il y avait en France près de 4000 syndicats agricoles comptant plus de 700000 adhérents.

VINGT ET UNIÈME LEÇON

LES SYNDICATS PROFESSIONNELS PATRONAUX, OUVRIERS

Les *syndicats professionnels* sont des associations formées entre personnes exerçant la même profession en vue de l'étude et de la défense de leurs intérêts professionnels. C'est la loi du 21 mars 1884 qui a autorisé la création de ces syndicats qui peuvent être constitués, soient entre ouvriers seulement, soit entre patrons seulement, soit enfin entre patrons et ouvriers. Dans ce derniers cas on les appelle des syndicats *mixtes*.

Constitution régulière des syndicats. — Plusieurs conditions sont requises pour qu'un syndicat soit légalement constitué :

1° Toutes personnes, exerçant la même profession, Français ou non, homme ou femme, majeur ou mineur, peuvent faire partie d'un même syndicat;

2° La direction du syndicat n'appartient qu'à des Français jouissant de leurs droits civils et politiques;

3° Pour fonctionner régulièrement, le syndicat doit déposer à la mairie, en double exemplaire, le texte de ses statuts et les noms de ses directeurs ou administrateurs.

Pouvoirs des syndicats. — Ils peuvent formuler des réclamations, demander des augmentations de salaires, organiser des grèves, conclure avec les patrons des contrats collectifs, fonder des caisses d'assurances, des magasins pour la vente et la réparation des outils, organiser des cours, des conférences, des écoles professionnelles, des sociétés de secours mutuels, etc.

Fédérations. — Les syndicats de même profession ou de profession similaire, peuvent s'unir et former des fédérations de syndicats; ils se réunissent dans les *Bourses de Travail* pour discuter de leurs intérêts professionnels. La plupart des fédérations délèguent quelques-uns de leurs membres qui forment le bureau de la *Confédération générale du Travail* (C. G. T.). On estime que la Confédération générale ne compte actuellement que le tiers des ouvriers syndiqués, soit 7 ou 8 pour 100 de la population ouvrière.

Action des syndicats ouvriers. — Les syndicats ouvriers surtout ont usé et trop souvent abusé des moyens légaux.

S'il est légitime à des ouvriers de se concerter pour aider pécuniairement des camarades en grève, de déclarer la *grève par échelon*, c'est-à-dire de faire grève dans une usine, puis dans une autre, puis dans une troisième, afin de réduire les patrons les uns après les autres, de mettre à l'index un patron qui ne consent pas à augmenter les salaires par exemple, de refuser de travailler chez un patron qui emploie des non-syndiqués, il est déplorable de voir des ouvriers exercer des violences dignes des temps barbares contre ceux qui veulent travailler, de *saboter* le travail, ou les machines, d'organiser la *grève des bras croisés*, c'est-à-dire de toucher un salaire pour un travail qui n'a pas été fait. Ces actes vont certainement à l'encontre de la classe ouvrière.

Les syndicats patronaux ont été créés naturellement pour résister aux exigences parfois excessives des syndicats ouvriers. C'est ainsi que pour éviter la grève par échelon, ou *grève tampon*, ils se sont unis et ont formé un *lock-out* collectif[1].

Les syndicats peuvent se dissoudre volontairement si la majorité le décide ainsi, mais, sur la réquisition du procureur de la République le tribunal a le pouvoir de dissoudre certains syndicats qui ne respecteraient pas la loi.

Comparaison avec les anciennes corporations. — Parce que certains syndicats ont abusé de leur force en essayant de limiter la production, de réglementer le travail des apprentis, pour ne citer que deux exemples, on a conclu que l'on en était revenu au temps des anciennes corporations. Ce n'est là qu'une apparence. En effet, les ouvriers ne faisaient pas partie des corporations, qui n'étaient composées que de maîtres ou patrons. Chaque corporation avait un monopole sur telle ou telle industrie et il ne lui était pas loisible d'en sortir. La liberté du travail n'existait pas. Il fallait se conformer aux règles minutieuses imposées dans chaque corporation. Enfin on n'était pas libre de faire partie ou non de la corporation, du moment qu'on exerçait telle profession, qu'après avoir été apprenti on devenait maître, il fallait de toute nécessité entrer dans la corporation. Rien de semblable dans le syndicat, chacun est libre d'y entrer ou non et une fois admis, d'en sortir.

1. Voir page 95.

II

RÉPARTITION DE LA RICHESSE

VINGT-DEUXIÈME LEÇON

LA PROPRIÉTÉ INDIVIDUELLE

La répartition des richesses. — Nous avons vu que la richesse est produite par la nature, le capital et le travail. Il faut savoir maintenant quelle part de cette production reviendra, sous forme de rémunération, à chacun des facteurs de la production, autrement dit quelle sera la *répartition des richesses* entre les divers producteurs.

Sous le régime de la libre concurrence qui régit la société actuelle, c'est le régime de la propriété individuelle et de la liberté des conventions qui préside à la répartition des richesses.

La propriété individuelle. — La propriété est le droit pour une personne d'user et de disposer des choses qui lui appartiennent et par conséquent de les détruire, ou de les vendre, ou de les donner ou de les léguer après sa mort.

On peut distinguer trois espèces de propriétés :

1° La propriété que doit avoir chaque individu de ses propres facultés, de ses idées, de son activité personnelle, laquelle implique la *liberté du travail* ;

2° La *propriété mobilière*, qui est la possession de richesses matérielles, pouvant être déplacées et pouvant le plus souvent être multipliées par le travail aidé du capital ;

3° La *propriété immobilière*, qui est la possession d'une portion du sol et qui, par conséquent, dans une contrée donnée, est limitée en quantité.

Le respect de la propriété est une des conditions et une des causes les plus efficaces de la richesse dans les sociétés. En effet, le propriétaire a intérêt à faire de sa fortune mobilière ou de ses biens immobiliers le meilleur usage possible, puisqu'il sait que sa propriété sera respectée par tous.

Le droit de transmission. — Le droit de disposer implique le droit de donner : le don est, comme la vente et la consommation, un des modes d'usage de la propriété. Celui qui ne pourrait pas donner à un pauvre un morceau de son pain aurait-il la libre disposition de sa chose ? Or il n'existe pas à cet égard de différence essentielle entre un morceau de pain et un château, entre un denier et une fortune ; quelle que soit la valeur de l'objet, le droit demeure le même. Il ne peut y avoir d'exceptions à cette règle que dans un petit nombre de cas particuliers, déterminés par des lois spéciales dans chaque pays, telles que celle qui frappe d'interdit le prodigue, parce qu'il est incapable de raison, ou celle qui ne permet au père de famille d'avantager un de ses enfants que jusqu'à une certaine limite.

Le droit de propriété implique donc le droit de donner la chose possédée. Le droit de donner implique à son tour *le droit de léguer.* En vain objecterait-on qu'un mort n'a plus de droits. Le testateur était vivant lorsqu'il a disposé, et c'est seulement la conséquence de sa volonté qui se produit après sa mort. Qui donc aurait plus de droits que lui à disposer de cette chose qui était sienne ? Le propriétaire transmet ces droits par son testament et le légataire qu'il a institué s'en trouve investi et en jouit aussi pleinement et aussi légitimement que celui auquel il succède.

Si le mort n'a pas exprimé sa volonté par testament et s'il a une famille, ces biens passent naturellement à cette famille ; la loi, quelle que soit la diversité des prescriptions de détail, l'a réglé ainsi chez tous les peuples civilisés. Il faut que la propriété ait un propriétaire et il est logique d'en saisir, à défaut de désignation spéciale, ceux qui sont liés au mort par une étroite communauté d'origine. Ce n'est qu'à défaut de famille que les biens du défunt deviennent la propriété de l'Etat.

Les critiques du socialisme contre la propriété. — La propriété a ses adversaires. Les *communistes* prétendent que tous les biens qui existent dans la nature ou qui sont produits par le travail doivent toujours être à la disposition de l'Etat, afin d'être distribués à chacun suivant ses besoins de production ou de consommation. Les *collectivistes*, admettant la jouissance de la propriété mobilière lorsqu'elle est le résultat du travail et de l'épargne de l'individu, s'attaquent aux capitaux et à la propriété foncière et déclarent, par exemple, que la terre, n'ayant pas été appropriée dans le principe, ne saurait devenir dans la suite des temps l'objet d'une propriété individuelle sans que cette appropriation constitue un dol de la part de l'accapareur et un préjudice à la communauté privée de son droit de jouissance sur cette terre. Ces adversaires appartiennent aux écoles *socialistes*, qui toutes soutiennent que la richesse doit être administrée non par les individus, mais par le corps social ; collectivistes et communistes sont ainsi nommés précisément parce qu'ils voudraient que les biens, mis en commun, appartinssent à la collectivité des citoyens. Il nous faut répondre à leurs principaux arguments contre la propriété.

S'il s'agit de propriété mobilière, ne serait-il pas souverainement injuste de dépouiller de la richesse produite celui qui l'aurait créée par son travail et son épargne, et injuste par suite d'en dépouiller celui auquel il aurait transmis sa propriété? Cette violation du droit paralyserait l'énergie productive d'une population qui, ne pouvant plus compter sur les fruits de son labeur, ne serait plus stimulée à prendre autant de peine. Tout en se proposant pour but le bien-être des pauvres, un pareil régime, s'il pouvait être appliqué ailleurs que dans un couvent où la foi religieuse commande l'abnégation, retrancherait deux ressorts énergiques de la vie sociale, la liberté et la responsabilité, et aurait pour résultat d'affaiblir la capacité productive et d'appauvrir la société.

S'il s'agit seulement de la propriété immobilière, les inconvénients sont de même nature et les conséquences seraient du même genre. *Les objections contre la légitimité de la propriété foncière ne résistent pas à un examen sérieux.*

1° On dit que la terre n'a pas été toujours appropriée ; c'est vrai, mais le droit de propriété s'est consolidé à mesure que la civilisation a fait des progrès, et il suffit de comparer l'état de richesse des sociétés primitives et celui des sociétés modernes pour n'éprouver aucun désir de revenir en arrière de ce côté.

2° On dit que le fait de l'occupation a été un accaparement de la puissance productive de la terre et que, par conséquent, une propriété de ce genre ne saurait se targuer d'être tout entière le fruit du travail ; c'est vrai, mais la terre, sans la civilisation, est par elle-même si peu de chose que bien peu d'hommes songent à aller s'approprier les terres, cultivables cependant, qui se trouvent dans les contrées encore inhabitées du globe, et qu'il y a même dans les contrées civilisées, des terres qu'on ne cultive pas parce qu'elles exigeraient trop de dépenses. En réalité, la plupart des terres ont absorbé en améliorations de toute espèce un capital bien supérieur à leur valeur actuelle, capital, il est vrai, qu'elles ont peu à peu remboursé en récoltes.

3° On dit que la terre acquiert, par le fait de la civilisation, une plus-value dont profite seul le propriétaire, quoique la communauté en soit la cause : c'est vrai dans certains cas; mais comment apprécier exactement et détacher la plus-value, de la valeur première du fonds, et n'est-il pas juste que celui qui est exposé aux moins-values ait aussi la chance des plus-values? Pour produire ses bons effets sociaux et économiques, il faut que la propriété soit nettement définie et que celui qui possède une chose sache bien quelle chose il possède; ce qui ne serait pas si, à chaque changement de valeur d'une terre pour une raison quelconque, il y avait une évaluation et un décompte à faire entre le possesseur et l'Etat.

4° On dit qu'à l'origine la propriété a été le résultat de conquêtes et d'usurpations ; ce n'est pas vrai pour les pays nouveaux comme les Etats-Unis et pour la plupart des colonies de peuplement ; si le fait a été vrai pour certaines terres dans des pays tels que la France à l'époque des invasions germaniques, il y a bien longtemps que ces terres ont changé de main par des ventes ou par d'autres contrats et que les propriétaires les possèdent au même titre que toute autre propriété qu'ils eussent acquise de leurs deniers. Si les individus étaient exclus pour ce motif de la propriété, quel titre plus valable pourrait donc invoquer l'Etat qui s'est constitué peu à peu dans tous les pays par une suite de guerres et de révolutions? La société a le devoir de faire respecter l'ordre et la liberté qui intéressent tous ses membres ; l'ordre l'autorise à lever des impôts sur la propriété afin de payer les dépenses du gouvernement, à régler dans certains cas l'usage et la transmission de la propriété et même à procéder à des expropriations nécessaires, après indemnité préalable; mais la liberté lui commande de respecter la propriété individuelle, sur laquelle elle n'a en principe aucun droit.

Liberté des conventions. — Nous avons montré que la production des richesses est le résultat de la coopération de la nature, du travail et du capital. Si cette coopération est libre, si elle fait des efforts ou des sacrifices, il est de toute justice que chacun des coopérateurs soit rémunéré proportionnellement à l'efficacité de son concours. *A chacun suivant ses œuvres*, tel est le principe général d'après lequel se fait la répartition des richesses produites sous le régime de la liberté des conventions :

Au *propriétaire foncier* : le *fermage*, le *loyer*, et la *rente du sol* ;

Au *travail*, le *salaire* ;

Au *capital*, l'*intérêt* ;

A l'*entreprise*, le *profit*.

VINGT-TROISIÈME LEÇON

LE FERMAGE ET LA RENTE DU SOL

Le fermage. — On entend par fermage, nous l'avons vu déjà, le contrat par lequel le propriétaire loue sa terre, pour un temps, et moyennant une *somme déterminée*, mais cette somme elle-même porte le nom de fermage quand il s'agit de qualifier la part due au propriétaire foncier.

Le *fermier*, qui exploite ainsi la terre d'un propriétaire en vertu d'un *bail à ferme*, jouit de l'avantage suivant : pourvu qu'il paye régulièrement le prix annuel de sa location et qu'il respecte les clauses générales de son bail, telles que celles de cultiver en bon père de famille, de consommer les fumiers sur place, etc., il demeure maître d'user comme il l'entend du fonds dont il a acheté l'usage. Il s'applique à en tirer le plus grand profit possible, assuré de recueillir pour lui-même tout l'excédent de ses frais de production. C'est le mode qui laisse à la *liberté du cultivateur non propriétaire* le plus de latitude et qui d'ordinaire excite le plus en lui le ressort puissant de l'*intérêt personnel*.

On peut ajouter : C'est un mode qui ne peut être pratiqué que par des cultivateurs possédant un capital assez considérable pour meubler la ferme d'outils et de bestiaux, pour faire les avances à la culture et payer, quelquefois avant la vente des produits, le fermage au propriétaire.

Rien n'est parfait : le bail à ferme peut presenter certains inconvénients. Le plus grave danger est que le fermier, n'ayant qu'une jouissance temporaire et appliqué à obtenir durant le temps de son bail le plus grand produit net, n'épuise le sol et n'évite de lui donner les façons nécessaires pour en entretenir la fertilité. Ce danger n'est pas sans remède; le propriétaire peut en partie l'éviter à l'aide de certaines clauses particulières de son contrat; il peut surtout l'atténuer en signant de *longs baux* qui identifient, pour ainsi dire, l'intérêt du fermier et l'intérêt de la terre.

Le fermage est donc un revenu, variable ou fixe, payé en denrées ou en argent. Le propriétaire reçoit annuellement une somme qui est le prix de la location de sa terre. *Ce prix de location, lorsque le propriétaire n'a pas dépensé de capitaux en améliorations, est la part de la terre dans la répartition* : cette part se nomme *rente foncière* ou *rente* tout court. Une exploitation agricole a donc, en réalité, à faire quatre parts dont les deux premières sont des subdivisions du capital : la *rente* de la terre, l'*intérêt* du capital, le *salaire* du travail, le *profit* de l'entreprise.

La théorie de la rente foncière. — Un économiste anglais, Ricardo, qui écrivait au commencement du XIXᵉ siècle, a attaché son nom à une théorie de la rente que d'autres écrivains avaient entrevue avant lui : « *La rente*, dit-il, *est cette portion du produit de la terre que l'on paye au propriétaire pour avoir le droit d'exploiter les facultés productives et impérissables du sol* » : voilà sa définition.

Voici sa théorie. Les hommes ont dû commencer par cultiver les terrains les plus productifs, et, tant que ces terrains ont été en assez grande quantité pour suffire à toute la consommation, il n'y a pas eu de rente. Quand l'accroissement de la population les a rendus insuffisants, il a fallu que des cultivateurs défrichassent des terrains moins productifs et que les consommateurs payassent le blé au prix que coûtait la production sur ces derniers terrains; le prix du blé a haussé et les cultivateurs des premiers terrains ont eu un *excédent de revenu* qui est précisément la rente. Quand l'accroissement de la population a fait mettre en culture les terrains de troisième qualité, le prix a encore haussé; la rente a commencé pour les terrains de seconde qualité, et celle des terrains de première qualité a augmenté. Ainsi de suite, de sorte qu'on peut dresser le tableau suivant :

TERRES CULTIVÉES AVEC LA MÊME DÉPENSE EN TRAVAIL ET EN CAPITAL	PRODUIT EN MESURES DE BLÉ	PREMIÈRE ÉPOQUE	DEUXIÈME ÉPOQUE	TROISIÈME ÉPOQUE	QUATRIÈME ÉPOQUE
1re qualité.	100	Seules cultivées, rente = 0.	Rente = 10 mesures de blé.	Rente = 20 mesures de blé.	Rente = 30 mesures de blé.
2e —	90	Non cultivées.	Cultivées rente = 0.	Rente = 10.	Rente = 20.
3e —	80	Idem.	Non cultivées.	Cultivées, rente = 0.	Rente = 10.
4e —	70	Idem.	Idem.	Non cultivées.	Cultivées, rente = 0.

L'observation de Ricardo est vraie, quoiqu'on soit en droit de lui objecter que le phénomène de rente représentant l'action coopérative du sol peut se produire — et se produit légitimement — même pour la dernière qualité des terres exploitées. En vain des économistes, tels que Bastiat en France et Carey en Amérique, ont prétendu renverser cette théorie, le premier en s'appliquant à prouver que la terre n'a de valeur que par les capitaux et le travail que l'homme y enfouit et que, par elle-même, elle donne, comme tous les agents naturels, sa force productive gratuitement; le second en montrant, en outre, par des exemples pris dans les défrichements de son pays, que les terres les plus fertiles ne sont pas ordinairement les premières que l'homme cultive, parce qu'elles sont souvent situées au fond de vallées qui exigent des travaux préparatoires et, par conséquent, une certaine civilisation pour être rendues habitables. Ils n'y sont pas complètement parvenus.

Peu importe, en effet, que les premières terres défrichées soient foncièrement ou ne soient pas les plus fertiles : elles étaient les plus productives dans la situation où se trouvaient les premiers colons. Il peut même, comme cela a lieu aujourd'hui en France pour certaines terres, venir un temps où la rente diminue, sans que la théorie de la rente soit renversée par ce fait.

Sans doute, le capital améliore le sol, et il est souvent impossible de démêler la part de l'un et de l'autre dans la valeur d'un fonds de terre; souvent aussi la valeur d'un bienfonds reste fort au-dessous de la valeur totale des capitaux et du travail qui y ont été successivement dépensés, mais qui, le plus souvent, n'ont plus rien à réclamer, ayant été amortis par les revenus. Il n'en est pas moins vrai que la terre a une force productive qui lui est propre, que cette force n'est pas la même pour toutes les terres et pour tous les usages, et qu'il faut la payer suivant la mesure de l'utilité qu'elle procure. *Il y a toujours à un moment donné,* comme dit Roscher, *des terres qui, avec le même capital et le même travail, rendent plus que d'autres; la différence qui existe alors entre le rendement des plus favorisées et celui des moins favorisées constitue la rente.*

Bastiat voulait prouver que la terre ne différait en rien des autres capitaux, et que sa valeur émanait tout entière du travail de l'homme; il croyait fortifier par là le droit de propriété. Sa proposition, qui contient une grande part de vérité, est cependant inexacte, étant absolue. S'il y a, en effet, sur le globe bien des terres qui ne valent rien, parce que la présence et le travail de l'homme civilisé ne les ont pas vivifiées, il arrive souvent aussi qu'un fonds de terre acquiert une plus-value de rente sans que son propriétaire ait dépensé un capital ou un travail supplémentaire; c'est le cas, par exemple, d'un champ éloigné de tout débouché, près duquel on vient à construire un chemin de fer conduisant à un marché important, ou d'un terrain qui, dans une ville, se trouve en façade sur une grande rue nouvellement percée. On a beau dire que c'est le travail de la société qui a fait la plus-value : ce n'est pas moins le propriétaire qui a le bénéfice, c'est-à-dire la rente.

Mais, si le fait observé par Ricardo est exact, certaines conséquences qu'il croit pouvoir en tirer et qui ont effrayé, après lui, d'autres économistes, sont moins exactes ou sont moins à redouter qu'il ne le fait croire.

Si la rente augmente à mesure que la population augmente. c'est que le prix du blé augmente; si, d'autre part, les salaires restent stationnaires et que l'ouvrier paye son pain plus cher, le résultat définitif est que les pauvres s'appauvrissent, pendant que les riches s'enrichissent davantage : voilà la thèse de Ricardo. Pour que cette thèse fût l'expression de la réalité, il faudrait supposer que, durant cette évolution de la rente, aucun progrès n'a été accompli ni dans la culture, ni dans l'industrie; sans quoi le progrès agricole aurait abaissé le prix de l'hectolitre ou le progrès industriel aurait élevé les salaires. Ce n'est pas ce que l'expérience des faits montre, depuis que Ricardo a produit sa théorie. Il y a eu en France, en Angleterre et dans la plupart des pays civilisés, à la fois un progrès agricole, ayant pour résultat des récoltes plus abondantes, un progrès commercial, permettant un plus large approvisionnement des marchés, un progrès industriel, rendant le travail de l'ouvrier plus fécond et, en somme, il s'est trouvé que c'était le prix du blé qui demeurait à peu près stationnaire, tandis que les salaires haussaient.

La rente a augmenté cependant aussi d'une manière générale en Europe et en Amérique, dans les trois premiers quarts du XIXe siècle, tout en se déplaçant quelquefois. Ainsi, telles terres qui avaient le privilège de nourrir une grande ville ont pu perdre une partie de leur rente dans le même temps que les chemins de fer accroissaient la rente de certaines autres terres en leur ouvrant un débouché jusqu'à cette ville. Plus tard, par suite de nouveaux progrès des transports, telles terres ont pu voir leur rente réduite par la concurrence de blés venus de pays lointains : c'est l'effet qu'a produit en Europe, depuis le dernier quart du XIXe siècle, la concurrence des blés américains et russes.

VINGT-QUATRIÈME LEÇON

LA PART DU TRAVAIL : LE SALAIRE

Le salaire. — Le salaire est la part que reçoit l'ouvrier pour exécuter un certain travail. Le salaire est payé souvent avant l'achèvement, presque toujours avant la vente du produit.

Le *patron* vend ses *produits*, résultat du travail et du capital; l'*ouvrier* vend son *travail*. *Le salariat est*, par conséquent, *un contrat de louage de travail.*

Il y a cependant une différence essentielle dans la manière dont se fixe le prix des produits et le taux des salaires. *On tend à acheter les produits ce qu'ils coûtent* et la concurrence rapproche, en effet, le prix de vente du prix de revient : ce qui est un bien, puisque la consommation y gagne. L'ouvrier discute son salaire et *le travail tend à se vendre ce qu'il vaut*, c'est-à-dire à obtenir une rémunération égale à l'utilité qu'il procure : ce qui est encore une chose bonne et juste.

Le taux des salaires. — Le taux des salaires, c'est-à-dire le *prix du travail, est relativement beaucoup plus fixe que le prix des produits* : c'est une vérité que tout industriel a apprise par son expérience personnelle. L'industriel gagne aujourd'hui, il perdra peut-être demain; à côté des ventes avantageuses qu'il fait, il a des articles sur lesquels il doit se résigner à des sacrifices, parce que les cours ont baissé ou parce que la mode s'est portée ailleurs. Il serait impossible que le salaire des gens qu'il emploie suivît ces variations. Le salaire, qui représente pour ainsi dire une moyenne entre ces extrémités de hausse et de baisse, de gain et de perte, peut être comparé non seulement à une association, mais à une *assurance* contre les non-valeurs de la production, telles que produits démodés ou invendus, baisse des cours, crise.

Pour être moins variable que la marchandise, le salaire n'est cependant pas fixe, et il ne saurait l'être : il serait absurde d'y prétendre. *Comme tout ce qui a une valeur, il est soumis à la loi de l'offre et de la demande.* C'est une erreur de chercher une cause unique à la loi du salaire. Comme la plupart des phénomènes économiques, *le taux du salaire est la résultante de causes complexes.* Voici les principales :

1° *La productivité du travail.* Lorsque l'industrie dont le salarié est le collaborateur donne de gros profits, la part de celui-ci peut être et est presque toujours plus forte que dans une industrie qui ne donne que de très petits profits. La productivité du travail dépend elle-même de causes diverses : de la nature de l'industrie, de la puissance des instruments de travail, de l'habileté de l'ouvrier et quelquefois aussi de la bonne direction de l'entreprise.

2° *L'état général de la richesse dans la contrée.* On peut dire en effet : *capitaux abondants, salaires élevés*, en désignant surtout par là le capital circulant sur lequel le salaire est payé et que les économistes de la première moitié du XIXe siècle désignaient sous le nom de « fonds de salaires ». C'est ainsi que, dans certaines campagnes de France où il y a peu d'argent, on donne à peine 1 fr. à une couturière que l'on payerait plus de 3 fr. à Paris, quoique toutes deux fassent à peu près le même ouvrage et qu'étant nourries elles n'aient pas à régler leur salaire sur le prix de leur alimentation.

3° *La demande et l'offre du travail*, autrement dit le rapport entre la population ouvrière, laquelle constitue l'offre et l'impor tance des entreprises, représentée par le nombre des entrepreneurs et par la somme totale de leurs capitaux, laquelle constitue la demande. Cobden a traduit cette loi par une expression pittoresque : « Quand deux patrons courent après un ouvrier, les salaires haussent ; quand deux ouvriers courent après un patron, les salaires baissent. »

4° *Le coût de la vie.* — L'ouvrier doit vivre de son salaire. Il y a donc un *minimum* au-dessous duquel ce salaire ne saurait descendre, sinon par exception et pour peu de temps, sans quoi les ouvriers émigreraient ou mourraient. Mais ce minimum ne saurait être fixe ; car il varie beaucoup suivant les pays et les temps ; le minimum d'un Américain du Nord et celui d'un Anglais sont bien au-dessus du minimum d'un Hindou.

Il est douloureux de constater que trop souvent le minimum des salaires n'est pas atteint pour les familles nombreuses ou les femmes isolées.

5° *Les qualités personnelles du salarié.* — L'habileté, l'instruction, l'intelligence, l'assiduité mettent entre les salariés des différences considérables sous le rapport de la productivité et, par conséquent, du salaire ; c'est ainsi que les terrassiers sont moins payés que les forgerons, les tisserands de calicot, moins que les graveurs de cylindre.

6° *Les institutions politiques* et *la coutume* peuvent aussi contrarier le jeu naturel des lois économiques en gênant la liberté, soit en accordant des privilèges à certains corps de métiers, soit en limitant les heures de travail.

La participation aux bénéfices. — *La participation aux bénéfices est une convention librement contractée entre le patron et ses salariés par laquelle ceux-ci, outre le salaire ordinaire, reçoivent une part, le plus souvent au prorata du salaire, dans les bénéfices de l'entreprise sans participer aux pertes.* Elle repose sur ce double principe : l'intérêt personnel est le meilleur stimulant de l'activité humaine ; à chacun suivant ses œuvres.

Cette part, fixée d'avance à raison de tant pour cent sur les bénéfices, est attribuée aux salariés, généralement comme une manière de dividende après l'inventaire. La quote-part de chaque salarié intéressé est proportionnelle aux bénéfices réalisés, et il n'y a participation qu'autant qu'il y a eu bénéfices. Les participants savent donc que, s'ils sont laborieux, s'ils économisent le temps, la matière première et les outils, si les clients sont satisfaits et si les commandes affluent, le profit qui résultera d'une bonne gestion sera en partie pour eux. Ils ont un intérêt personnel à faire des efforts consciencieux et à se surveiller les uns les autres. Ce moyen n'est efficace qu'autant que la quote-part est assez importante pour éveiller réellement l'intérêt personnel.

La participation n'est pas une association. Le patron reste en général maître de son entreprise. Il n'admet même pas ordinairement tous ses salariés à ce bénéfice, et il fixe lui-même certaines conditions de stage dans ses ateliers ou de chiffre moyen du salaire. Cependant c'est un contrat, et la participation promise est due. Elle diffère essentiellement de la *gratification* que certains patrons donnent à leurs employés au jour de l'an ou après l'inventaire.

C'est un des meilleurs modes d'intéresser le travail salarié au succès de l'entreprise.

Le salaire à la journée et à la tâche et les heures de travail. — Les principaux modes de louage du travail de l'ouvrier sont le *travail à la journée* et le *travail à la tâche*. Le premier stipule une somme fixe par heure, ou pour la journée entière, qui varie suivant les lieux et les professions. Le second stipule une somme fixe par unité de produit fabriqué ou de travail effectué. L'un et l'autre sont payés le plus souvent tous les huit ou tous les quinze jours ; le second est payé quelquefois après la confection du produit commandé

L'un et l'autre mode ont leurs avantages. Pour les travaux que la précipitation de l'ouvrier pourrait altérer, comme la ciselure d'un bronze d'art, ou pour ceux dans lesquels l'ouvrier passe souvent d'une opération à une autre, le travail à la journée est bon ou même nécessaire. Pour les travaux courants au contraire, qui, toujours semblables, s'additionnent ou se mesurent facilement, *le travail à la tâche est souvent préférable* : c'est le mode dans lequel l'ouvrier, stimulé par l'intérêt personnel, produit le plus et est le plus assuré d'obtenir une rémunération proportionnelle à ses œuvres.

Le travail à la journée et même à la tâche implique en général un nombre déterminé d'*heures de travail* par jour. Ce nombre est moindre aujourd'hui qu'il n'était il y a quatre-vingts ans. La diminution des heures est surtout, comme l'augmentation des salaires, une conséquence de la productivité plus grande de travail.

VINGT-CINQUIÈME LEÇON

LA PART DU CAPITAL : LE LOYER ET L'INTÉRÊT

L'intérêt. — L'intérêt est la part due au capital, on l'appelle aussi le *loyer*. L'intérêt est aussi légitime que le salaire, puisque le plus souvent ils sont associés à la même production. Dans les rapports ordinaires de la vie, les hommes échangent entre eux des services. « J'ai besoin de votre capital, dit le travailleur, parce qu'avec son aide je produirai beaucoup plus. — Le voici, répond le capitaliste ; quelle part du produit lui réserverez-vous? » Qu'il propose lui-même les conditions ou qu'il attende qu'on les lui fasse, il ne donnera son argent qu'avec l'espérance d'un profit raisonnable. L'emprunteur offre-t-il moins que son voisin, le capitaliste prêtera probablement au voisin, s'il trouve la même sécurité.

Si tous les emprunteurs, imbus d'idées fausses et s'imaginant que les capitalistes abusent de leur position en réclamant une part de profit, refusaient absolument de donner cette part, qu'adviendrait-il? Les capitalistes garderaient leurs fonds. Les uns, les plus sensés, se mettraient à travailler pour utiliser eux mêmes l'instrument dont ils n'auraient pu trouver le placement lucratif et en tireraient un revenu; les autres le consommeraient d'une manière improductive, aimant mieux, tout calculé, se procurer des jouissances temporaires que de s'imposer les privations d'une épargne sans fruit.

Car il ne faut pas oublier que la source du capital est l'épargne et que l'épargne est une privation de jouissances. Or l'homme prévoyant ne se prive dans le présent qu'en vue d'une jouissance dans l'avenir, pour lui ou pour les siens ; supprimez le droit à la jouissance dans l'avenir, c'est-à-dire le profit du capital prêté, et vous supprimerez du même coup l'épargne.

Cette supposition est d'ailleurs imaginaire et *la gratuité du crédit est une utopie*. Les hommes sont guidés en pareille matière par leur intérêt ; et, comme l'intérêt des travailleurs à se procurer du capital n'est pas moins grand que l'intérêt des capitalistes à trouver de l'emploi à leurs capitaux, l'accord est en quelque sorte nécessaire. Mais les préjugés, comme les mauvaises lois, peuvent le rendre plus difficile.

Le taux de l'intérêt. — Comme toutes les valeurs, le capital est soumis à la loi de l'offre et de la demande. Le taux de sa rémunération est fixé au point où s'accordent le capitaliste qui cherche le plus grand profit possible et l'emprunteur qui cherche la moindre dépense. Nous pouvons dire d'une part : *capital rare, capital cher,* c'est-à-dire *intérêt élevé*; *capital abondant, capital à bon marché*, c'est-à-dire *intérêt bas.*

Nous n'avons ainsi qu'une des faces du problème ; il faut ajouter d'autre part : *les capitaux très demandés sont chers*; *les capitaux peu demandés sont à bon marché.*

Le taux de l'intérêt se règle principalement : 1° *sur l'état général de la richesse sociale, qui tend à faire baisser d'autant plus l'intérêt qu'elle est elle-même plus abondante ;* 2° *sur l'activité de l'esprit d'entreprise et la productivité du capital, qui tend à faire hausser l'intérêt d'autant plus qu'elles sont plus grandes elles-mêmes.*

On peut comparer ce jeu du taux de l'intérêt au mouvement d'une balance. Dans le plateau de l'offre, ajoutez du capital; aussitôt le fléau de la balance incline vers la baisse. Mais mettez de nouveaux emprunteurs ou de plus forts profits dans le plateau de la demande : le fléau se relève vers la hausse; chaque oscillation marque *non la quantité absolue du capital disponible, mais le rapport entre cette quantité et la demande.*

C'est ainsi que, dans une époque de langueur du commerce, on voit s'abaisser l'intérêt. Est-ce que le capital est plus abondant? Nullement; mais il est moins demandé. *Aujourd'hui, à cause de l'abondance de l'épargne, il y a dans presque tous les pays civilisés une tendance à la baisse de l'intérêt.*

Il en résulte que, si un intérêt bas est chose bonne et possible, l'abaissement du taux de l'intérêt jusqu'à zéro est une utopie. Les faits sont en contradiction avec une pareille théorie. Le raisonnement l'est aussi. *Ce qui est désirable, c'est que les capitaux soient toujours à la fois très abondants et très demandés.*

Limitation du taux de l'intérêt. — On entend par taux de l'intérêt la somme que doit payer l'emprunteur, pour une année et pour une somme de 100 francs.

Ce taux a été limité par la loi à 5 pour 100 en matière civile et à 6 pour 100 en matière commerciale.

Le Profit. — Dans la répartition des richesses, la part de l'entrepreneur s'appelle *profit*.

Le profit est l'excédent du prix de vente sur le prix de revient. Exemple: Un entrepreneur a accepté de faire une ligne de chemin de fer, sur un certain parcours pour une somme forfaitaire de 200 000 francs.

La somme totale qu'il a déboursée en salaires des ouvriers en capitaux et en intérêts, s'est élevée à 180 000 francs, son profit sera de 20 000 francs. Mais on conçoit aisément que cet entrepreneur aurait pu éprouver une perte au lieu de recevoir un profit.

Différence entre le profit et le salaire, d'une part, entre le profit et l'intérêt d'autre part. — Par l'exemple ci-dessus, on voit que le profit est très aléatoire, très élevé si l'entreprise réussit, nul si le prix de vente est égal au prix de revient et enfin, au lieu d'un profit, il peut en résulter une perte pour l'entrepreneur.

Le salaire et l'intérêt, au contraire, sont dus quel que soit le résultat final de l'entreprise. Le profit rémunère tantôt le capital seul, c'est ce qui arrive dans les grandes entreprises où l'entrepreneur est une compagnie ou société anonyme : une compagnie de chemin de fer, le Crédit foncier, etc. Dans ce cas le profit prend le nom de *dividende*.

Le profit rémunère le travail seul lorsque l'entrepreneur a dû emprunter l'argent pour payer ses ouvriers et ses contre-maîtres.

Le profit rémunère à la fois le capital et le travail lorsque l'entrepreneur a exposé sa fortune personnelle à ses risques et périls.

Dans les trois cas le profit est donc aussi légitime que le salaire et l'intérêt.

Variations des profits. — Les profits sont soumis dans leurs variations aux mêmes lois générales que les salaires et les capitaux. Dans les industries *où la concurrence est grande, les profits sont médiocres* parce que les entrepreneurs sont obligés de vendre à bon marché, dans les industries où ils jouissent tout à fait ou presque d'un *monopole, les profits ont chance d'être élevés*; dans les industries qui opèrent avec un *très fort capital, le total des profits peut être considérable, quoique la quotité du profit sur chaque unité soit faible.*

Ajoutons que le profit total dépend aussi beaucoup des *qualités personnelles de l'entrepreneur* : tel s'enrichit dans une industrie où, à côté de lui, d'autres végètent.

VINGT-SIXIÈME LEÇON

LES ASSOCIATIONS OUVRIÈRES

Sociétés coopératives. — Les sociétés coopératives se proposent d'émanciper l'ouvrier et d'en faire un entrepreneur. Les premières se sont formées en France après 1830; mais elles n'ont pris faveur qu'après le succès de l'Association des *Pionniers de Rochdale*, fondée en 1860 en Angleterre.

Au fond, la société coopérative n'est autre chose qu'une *association de capitaux et de travailleurs*. En principe, elle semble ne rien apporter de nouveau dans l'organisation du travail; en fait, elle produit des effets autres que les associations ordinaires de capitaux et les associations en nom collectif, formées par quelques industriels. C'est aux plus humbles qu'elle offre ses services sous trois formes.

1° La Société de crédit mutuel. — Elle engage ses membres à lui déposer, comme à une caisse d'épargne, leurs petites économies; elle les y stimule ou même les y oblige en leur imposant une cotisation mensuelle, et elle leur promet, en échange, indépendamment de la conservation de leur argent, un crédit qui, grâce à la solidarité de l'emprunteur avec un ou plusieurs associés, peut s'élever au double ou au triple de leur dépôt.

2° La Société de consommation. — Elle offre à ses membres, par l'achat en commun des denrées, le bénéfice qui peut résulter des opérations faites en gros et la garantie d'une qualité souvent meilleure.

3° La Société de production. — Celle-ci associe ses membres pour pratiquer une industrie par leur travail commun; elle forme, à l'aide de leurs épargnes ou d'emprunts, un capital social; si ce capital premier est insuffisant, elle les excite à le compléter peu à peu à force de travail et de privations.

De ces trois formes, la première peut donner des résultats satisfaisants quand des idées étrangères au but primitif et surtout des visées de transformation radicale de la société ne faussent pas l'institution. L'épargne est le pivot du progrès social : tout ce qui peut y pousser les hommes. surtout les ouvriers qui sont plus imprévoyants parce qu'ils ont en général devant eux un horizon plus borné, est digne d'approbation. Mais ce qui est difficile pour des ouvriers associés ainsi, c'est de bien surveiller le maniement de leurs fonds, de ne faire que des placements solides, et de limiter les prêts.

La seconde a jusqu'ici réussi largement sur certains points dans plusieurs pays et a eu un médiocre succès sur d'autres; en Angleterre, surtout, il y a de très importantes sociétés de cette espèce; il y en a en Belgique, en France, etc. Cette forme est d'une pratique difficile. Dans les grandes villes, la clientèle de ces sociétés est souvent trop disséminée; dans les petites, comme dans les grandes, les marchands en détail leur font une vive concurrence. La ménagère aime mieux aller chez la fruitière, sa voisine, ou chez le boulanger du coin que de courir, quand elle rentre fatiguée de l'atelier, jusqu'au magasin coopératif; d'ailleurs, chez son fournisseur, elle obtient au besoin un crédit qu'il serait dangereux d'ouvrir dans la société de consommation. Enfin la société elle-même ne peut donner des produits de bonne qualité qu'à la condition d'avoir un gérant capable de les bien acheter et de les bien manutentionner. Toutefois quand elles sont convenablement organisées, des sociétés de ce genre peuvent rendre de grands services; en France, c'est dans quelquels villes et dans certains syndicats agricoles que les sociétés coopératives de consommation ont le mieux réussi.

La troisième forme est le but suprême des coopérateurs qui prétendent *affranchir l'ouvrier du patron* et *supprimer le salariat.*

On ne supprimera pas le salariat, parce qu'il y aura toujours beaucoup d'industries dont l'exploitation par des ouvriers associés serait impossible ou désastreuse et un très grand nombre de travailleurs pour lesquels, par un effet de leurs goûts ou de leurs aptitudes, le salariat restera la forme de rémunération la plus convenable. On peut même ajouter que cette coopération, dont l'usage est jusqu'ici très limité, ne paraît destinée à remplacer le salariat dans aucune industrie et que l'expérience des faits contemporains témoigne plutôt d'une tendance à la concentration d'un grand nombre d'ouvriers sous l'autorité d'un patron ou d'un directeur (sociétés anonymes) qu'à la multiplication et au succès des coopératives de production. L'idée coopérative ne transformera donc pas le monde économique; mais elle a réussi sur certains points, et elle peut prendre utilement place parmi les divers modes du travail libre.

Voici, en premier lieu, ses avantages :

1° L'homme travaille d'autant plus et d'autant mieux qu'il est plus *stimulé par l'intérêt personnel* et plus *soutenu par la responsabilité*; or ces deux conditions existent à un beaucoup plus haut degré dans la coopération que dans le salariat.

2° Pour travailler, le coopérateur s'aperçoit promptement qu'il ne suffit ni des bras, ni de l'intelligence : il faut du capital, beaucoup de capital souvent. Si le coopérateur a la ferme volonté de réussir, il redoublera d'efforts et de privations pour créer et pour grossir ce fécond capital. Il sera ainsi beaucoup mieux stimulé à l'épargne que par le plus éloquent sermon, et il *comprendra* aussi, d'une manière générale, beaucoup plus sûrement par sa propre expérience que par les meilleurs raisonnements économiques, *que le capital a droit à une part dans la rémunération.*

3° Il peut donc en résulter pour certains coopérateurs ce qui résulte pour tous les producteurs d'une plus grande activité laborieuse et d'une plus sévère épargne : un accroissement de richesse et finalement de bien-être.

Et pour les ouvriers qui resteront dans le salariat? — Si les salariés voient que les coopérateurs gagnent beaucoup plus qu'eux, ils auront un excellent argument pour demander une élévation du prix de la journée à leurs patrons, sauf, si le patron refuse, à entrer eux-mêmes dans quelque association. Mais s'ils voient que, peinant beaucoup, les coopérateurs ne font pas des journées sensiblement plus lucratives que les leurs, ils seront mal venus à se plaindre de leur condition et à accuser leurs patrons. *La société coopérative pourra, dans certains cas, servir de thermomètre des salaires* et prévenir peut-être des grèves intempestives.

Voici, en second lieu, les difficultés de la coopération :

1° Dans la petite industrie, deux ou trois associés, en se partageant le travail parviennent à s'entendre. Mais quinze ou vingt ouvriers coopérateurs, travaillant ensemble, auront beaucoup plus de peine à y parvenir; ce sont quinze ou vingt volontés qui doivent concorder dans une vie pour ainsi dire commune et quinze ou vingt énergies qui doivent toujours être égales entre elles.

2° Dans une société coopérative, comme dans toute entreprise, il faut une direction; il faut, par conséquent, tout en maintenant l'égalité, savoir respecter l'autorité du gérant, ce qui paraît difficile à certains esprits, surtout dans la classe ouvrière.

3° Il y a dans l'industrie des mécomptes qu'il faut savoir héroïquement supporter, même quand on est innocent du mal accompli, et des crises qu'il faut subir en sachant se priver : toutes les âmes ne sont pas trempées de manière à résister à l'épreuve.

4° Comme la société commence toujours avec un petit capital, elle est condamnée à se débattre d'abord dans la gêne : il faut avoir la patience d'attendre. Cette pénurie de capital initial lui rend difficile l'accès de la grande industrie. Si un donateur fournit ce capital, cette libéralité ne prouve rien pour la vitalité de l'institution.

5° En outre, l'instruction supérieure qui est nécessaire pour diriger certaines entreprises oppose un obstacle, non insurmontable il est vrai.

Donc, *les sociétés coopératives, surtout les sociétés de production, rencontrent de très sérieuses difficultés de l'ordre économique et de l'ordre moral,* qui en limitent nécessairement le nombre et l'importance.

De ce qui précède, on peut conclure que *les sociétés coopératives de crédit, de consommation et de production ne supprimeront pas le salariat et les marchands*, mais que *celles qui surmonteront les difficultés inhérentes à leur nature seront utiles aux ouvriers ou aux consommateurs associés.*

III

CIRCULATION DE LA RICHESSE

VINGT-SEPTIÈME LEÇON

L'ÉCHANGE. — LA VALEUR ET LE PRIX. CONCURRENCE ET MONOPOLE

Circulation de la richesse. — Dans les sociétés primitives la circulation, c'est-à-dire le passage d'une richesse d'une personne à une autre personne, est plutôt rare. Le pêcheur prend du poisson et le consomme pour vivre, le chasseur atteint le gibier et le mange. Mais cet état primitif ne dure pas longtemps et bientôt les hommes vivant en société ont recours à l'échange des richesses.

Échange. — Le pêcheur qui offre au chasseur de lui donner 10 ou 12 poissons contre un lièvre, fait un échange. L'échange en nature s'appelle *troc.*

Mais l'échange prend d'autres formes. Le même pêcheur pourrait demander à un de ses compagnons, plus habile que lui ou mieux outillé, de lui construire une cabane contre un lot de poissons. Il y aurait alors *échange d'un travail contre un produit.*

En possession de sa cabane, le pêcheur dirait au chasseur : Je te prête une chambre dans ma cabane et en échange tu me donneras une partie de ton gibier. Il y aurait, de ce fait, *échange de la possession d'un produit contre la jouissance temporaire d'une autre marchandise.*

Le pêcheur se fait aider par un jeune homme, moyennant quoi il lui assure le gîte et la nourriture, il y a *échange de produits contre des services permanents.* Enfin *des services peuvent être échangés contre des services.*

Exemple : Un professeur donne des leçons au fils d'un médecin et celui-ci soigne gratuitement le professeur; mais le plus souvent les produits ou les services s'échangent contre de la *monnaie.*

Valeur. — Un objet ouvragé a, dit-on, plus ou moins de *valeur*, selon qu'il est *utile*, *rare* et plus ou moins bien *travaillé*, cela veut dire que si on l'échange, on exigera, comme équivalent de cet objet, plus ou moins de services, plus ou moins d'autres produits, plus ou moins de monnaie. D'où la nécessité de distinguer entre la *valeur d'usage* et la *valeur d'échange*.

La valeur d'usage dépend surtout de nous, de ce que nous attribuons d'importance à un objet. Le coq qui trouve une perle fine s'écrie :

« Je la crois fine, dit-il,
Mais le moindre grain de mil
Serait bien mieux mon affaire. »

De même l'illettré, qui trouve un livre précieux, n'en a que faire, puisque ce livre ne lui sera d'aucune utilité.

La valeur d'échange ou valeur marchande est celle que possède un objet, indépendamment de nous et de nos convenances personnelles. La perle ne valait rien pour le coq, mais elle n'en avait pas moins sa valeur d'échange qu'un joaillier aurait payée un certain *prix*.

Le prix. — Le *prix* d'un objet, c'est sa valeur exprimée en monnaie.

Le *prix courant* d'une marchandise est le prix de cette marchandise à un certain moment. Ainsi le sucre vaudra tantôt 75 centimes, tantôt 85 centimes le kilogramme cela dépendra de plusieurs circonstances et surtout de la grande loi qui domine toute l'économie politique, de la *loi de l'offre et de la demande*.

Le *prix normal* est le prix au-dessous et au-dessus duquel une marchandise ne peut être vendue, sans qu'il y ait perte ou gain exagéré. Le prix normal dépend de ce qu'a coûté la production de la marchandise, augmenté du profit que doit recevoir l'entrepreneur.

Loi de l'offre et de la demande. — Supposons un marché de fruits. Dans une année où les fruits seront abondants les marchands *offriront* beaucoup de fruits, les acheteurs *demanderont* les fruits à un prix peu élevé parce qu'il y en a beaucoup.

L'année suivante, les fruits étant rares, par suite de sécheresse ou de trop grande humidité, les marchands *offriront* peu de fruits et les acheteurs ou demandeurs seront obligés de les payer cher s'ils veulent en avoir.

En règle générale quand l'*offre* des marchandises est supérieure à la *demande*, le prix *baisse*, si au contraire l'offre est inférieure à la demande, le prix hausse.

Concurrence et monopole. — La *concurrence* est un régime économique basé sur la liberté du travail et la liberté des échanges.

Le *monopole*, au contraire, est un régime qui accorde à un individu, à une société ou à un État le droit exclusif de produire telle ou telle marchandise, par exemple, en France, le monopole de l'État pour la fabrication des allumettes et la récolte et la vente du tabac.

Avantages de la concurrence. — Sous le régime de la concurrence, les produits tendent à devenir meilleurs et moins chers, c'est une lutte entre les producteurs pour attirer la clientèle des consommateurs, tandis que sous le régime du monopole il faut s'incliner devant les exigences de celui qui a le monopole, puisqu'il ne craint aucun rival dans la production.

VINGT-HUITIÈME LEÇON

LA MONNAIE

La monnaie. — On n'entend pas dire : « Une biche vaut dix poissons. » Il n'y a guère que les peuples sauvages qui échangent ainsi une marchandise contre une marchandise quelconque.

Les peuples civilisés se servent de la *monnaie.* Ils disent : « Une biche vaut 30 francs; — un poisson vaut 3 francs. » C'est à la monnaie qu'ils comparent toutes les marchandises et tous les services, et c'est en monnaie que sont exprimées toutes les valeurs.

On voit quelles facilités l'usage de la monnaie donne aux échanges. On peut dire que la monnaie est l'*âme du commerce* et que, sans la monnaie, le commerce, réduit au troc, serait nécessairement très restreint. C'est elle qui donne de la fixité à l'expression des valeurs et, par suite, une certaine fixité à leur appréciation; c'est elle aussi qui les rend comparables.

L'arithmétique enseigne que deux quantités égales à une troisième sont égales entre elles. Donc, si un chapeau vaut 20 francs et si quatre poulets valent 20 francs, un chapeau vaut autant que quatre poulets. Quel rapport de valeur y a-t-il entre une traversée du Havre à New-York et un paletot? C'est difficile à dire de prime abord. Mais la monnaie intervient comme *terme de comparaison*, comme *mesure*. Quand on sait que le passage coûte 500 francs et le paletot 100 francs, on n'a aucune peine à dire qu'il en coûte cinq fois plus pour se rendre du Havre à New York que pour acheter un paletot. La monnaie est la *mesure*, autrement dit le *dénominateur commun des valeurs*.

Du choix d'une monnaie. — Les gouvernements ne font pas arbitrairement les monnaies à leur fantaisie. Car la monnaie n'échappe pas aux lois générales de l'échange : elle est et doit être par elle-même *une marchandise ayant une valeur équivalente à la valeur de l'objet qu'elle achète*. Quand on dit qu'un poisson vaut 3 francs, cela signifie que 3 francs ont réellement une valeur égale à la valeur du poisson. De cela il résulte qu'on ne pourrait pas fabriquer une véritable monnaie avec une matière n'ayant aucune valeur ou ayant une valeur insignifiante : on ne ferait pas une monnaie avec les feuilles des arbres de la forêt.

On a cherché une matière qui eût beaucoup de valeur, afin qu'il fût facile de transporter de grosses sommes, et tous les peuples civilisés ont adopté l'*or* et l'*argent*, qui sont les *métaux précieux*. Les Lacédémoniens, dans l'antiquité, ont pu fabriquer une monnaie de fer, parce qu'ils faisaient très peu de commerce; mais il faut songer aux incommodités qu'éprouverait le commerce s'il fallait transporter un poids en fonte de 2000 kilogrammes pour échanger une valeur de 200 francs.

Les métaux précieux ont encore d'autres qualités qui les ont fait préférer. Ils sont durs, *inaltérables* ou peu altérables; ils peuvent être fondus, façonnés aisément en pièces rondes dont le poids et l'alliage sont déterminés.

Il y a eu, dans l'antiquité, des peuples qui, n'ayant pas de métaux précieux, se sont servis du bétail pour exprimer les valeurs. Ils disaient : « Ceci vaut un bœuf; cela vaut deux moutons. » Que penseriez-vous cependant si le bœuf était la monnaie réelle et si la monnaie, qui est l'*instrument général des échanges*, devait être nourrie avec du foin, gardée dans des étables et était exposée à la maladie et à la mort? Ajoutez que, la monnaie étant le dénominateur commun, ce dénominateur varierait beaucoup et représenterait des valeurs très différentes selon que le bœuf serait jeune ou vieux, gras ou maigre.

Les métaux précieux ont seuls les qualités requises pour une bonne monnaie.

En France, il y a des monnaies d'or, des monnaies d'argent, des monnaies de bronze ou de nickel.

Les monnaies d'or. — *Toutes les monnaies d'or*, pièces de 10 francs, pièces de 20 francs, pièces de 50 francs et de 100 francs, ont la *qualité d'équivalence*, c'est-à dire que chaque pièce a précisément une valeur égale à la valeur d'un lingot de même poids et de même titre, moins les frais de fabrication de la pièce, qui sont très minimes. Chaque pièce a, par conséquent, une valeur intrinsèque égale à sa valeur nominale : une pièce de 20 francs, qui pèse 6gr,45 et qui contient 9/10 d'or fin et 1/10 d'alliage, vaut réellement 20 francs; après avoir été fondue, elle vaut, encore, comme lingot, 20 francs, moins 4 centimes et demi.

Les monnaies d'argent. — *En argent*, il n'y a que la *pièce de cinq francs*, pesant 25 grammes et contenant 9/10 d'argent fin et 1/10 d'alliage, qui ait un cours illimité comme l'or. L'argent ayant beaucoup moins de valeur que l'or, le poids de la pièce d'argent de 5 francs avait été calculé de manière à contenir 15 fois 1/2 plus de métal fin que la pièce de 5 francs en or. On ne frappe plus de pièces de 5 francs.

Les autres pièces d'argent, 0 fr. 20, 0 fr. 50, 1 franc, 2 francs ont une *valeur intrinsèque un peu inférieure à leur valeur nominale*. Si on les a fabriquées ainsi, c'est qu'il n'y avait pas d'inconvénient à le faire, parce qu'elles ne représentent qu'une petite valeur, et c'est qu'il y avait avantage, parce que l'abaissement de leur titre a empêché naguère qu'elles ne fussent exportées à l'étranger. Cependant, comme, en cessant d'avoir la qualité d'équivalence, elles cessaient d'être une monnaie dans toute l'acception du terme, la loi a décidé qu'un débiteur ne pourrait pas, dans un paiement, obliger son créancier à recevoir plus de 50 francs de cette monnaie.

Monnaies de nickel et de bronze. — La *monnaie de nickel*, 25 centimes, et la *monnaie de bronze*, 1 centime, 2 centimes,

5 centimes, 10 centimes, qui sont réservées aux tres petits échanges, ont une *valeur intrinsèque très inférieure à la valeur nominale*. Il eût été incommode d'avoir des sous qui, pour arriver à l'équivalence, eussent pesé 25 grammes et même plus au lieu de 5. Aussi un débiteur ne peut-il obliger son créancier à accepter plus de 5 francs de cette monnaie.

Monométallisme et Bimétallisme. — Le *monométallisme* est un système monétaire d'après lequel un seul des deux métaux précieux, l'or ou l'argent, sert de monnaie avec cours légal illimité. Les pays monométallistes-or sont l'Angleterre, le Portugal, le Danemark, la Suède, la Norvège, l'Allemagne, la Roumanie, l'Autriche, la Russie, le Japon et le Pérou

Les pays monométallistes-argent sont le Mexique, la Bolivie, l'Équateur et presque tous les pays d'Extrême-Orient.

Le *bimétallisme* est au contraire un système monétaire dans lequel l'or et l'argent ont tous les deux cours légal illimité. Les pays bimétallistes sont la France, la Belgique, l'Italie, la Suisse, la Grèce, les États-Unis, l'Espagne.

Loi de Gresham. — Le monométallisme et le bimétallisme ont chacun leurs inconvénients et leurs avantages. Dans les pays bimétallistes, ou à double étalon, par exemple, si l'un des métaux subit une dépréciation, les débiteurs étrangers ont intérêt à se libérer avec ce métal et par contre les nationaux ont intérêt à payer leurs dettes à l'étranger avec le métal qui relativement vaut le plus. La conséquence est que le pays bimétalliste perd sa meilleure monnaie et reçoit un stock considérable du métal déprécié. Un chancelier de la reine d'Angleterre Elisabeth du nom de Gresham a énoncé cette loi de la manière suivante : *la mauvaise monnaie chasse la bonne*. Ce n'est qu'au bout d'un certain temps que le métal déprécié, affluant dans un pays, sera plus demandé comme moyen d'échange et peu à peu l'équilibre se rétablira.

VINGT-NEUVIÈME LEÇON

LE CRÉDIT : SES AVANTAGES

Le crédit. — En latin le mot *credere* signifie croire, avoir confiance. Notre mot *crédit* est donc synonyme de confiance, et en effet si je demande *à crédit* une certaine marchandise à un négociant, c'est-à-dire si au lieu de la payer comptant immédiatement, je lui dis : « j'emporte cette marchandise que je ne vous payerai que dans trois mois », il faut bien que ce marchand ait *confiance* en moi pour me faire cette avance.

On peut encore définir le crédit une *avance qui facilite la circulation des produits et des capitaux.*

En voici quelques exemples. Un ouvrier a besoin du pain de chaque jour et il n'est payé qu'à la fin de chaque quinzaine. Sa femme prend son pain à *crédit* chez le boulanger, c'est-à-dire qu'elle prend un produit sans le payer, recevant ainsi une avance de marchandise qu'elle remboursera à la fin de la quinzaine. Ce genre de crédit n'est pas toujours bon et ce n'est pas sans raison qu'on dit que *les petits crédits ruinent les petites gens*; ce qui signifie que celui qui trouve trop facilement à dépenser pour ses besoins personnels sans payer immédiatement, peut s'endetter sans y prendre garde et se trouver ensuite dans l'impossibilité de rembourser.

L'ouvrier, de son côté, fait en réalité *crédit* de son travail à son patron jusqu'au jour de la paye. S'il fallait être à chaque instant la main à la poche pour solder un à un les services que chacun reçoit d'autrui, en travail on en marchandises, les relations journalières de la vie deviendraient très incommodes : *le crédit les facilite.*

Un ouvrier serrurier, actif, intelligent et laborieux, resterait ouvrier, faute de capital pour s'établir, et ne gagnerait que le nécessaire. Un capitaliste, ayant confiance en lui, lui prête 3000 francs avec lesquels il fonde un petit établissement. Les pratiques viennent, et le serrurier gagne de l'argent. Au bout de six ans, il a pu rembourser l'avance des 3000 francs, et, tout en ayant un peu mieux vécu que par le passé, il a amassé lui-même un petit capital. Sa famille est maintenant à l'abri du besoin; c'est le *crédit* qui, *associant le capital et le travail*, a été cause de cet heureux changement.

Le crédit ne sert pas seulement à procurer un premier capital d'établissement aux petites bourses. Le serrurier établi peut acheter à *crédit* du fer, sous condition de payer six mois après, s'en servir pour travailler et trouver dans le payement même de ses travaux le moyen de s'acquitter au terme convenu. Quand il est employé non pour des dépenses personnelles, mais pour la la production des richesses, le crédit, loin de ruiner les petites gens, les aide à s'enrichir.

Un gros négociant a 100000 francs en marchandises. Il les vend au comptant, dans l'année, à ses clients et il achète également de nouvelles marchandises avec l'argent qu'il a reçu; en un mot, il fait 100000 francs d'affaires, sur lesquelles il lui reste peut-être 15000 francs de profit.

L'idée lui vient d'employer le *crédit*. Il livre ses marchandises sur une simple promesse écrite par l'acheteur d'en payer la valeur trois mois après la livraison, et les facilités qu'il donne ainsi à ses clients, en leur faisant l'avance de ses marchandises, lui permettent de vendre pour 100000 francs en trois mois.

Ces promesses de payer, qui peuvent être rédigées de diverses manières, sont des *effets de commerce* et constituent pour l'acheteur une obligation de payer et pour le vendeur une garantie d'être payé. Ce dernier va à son tour trouver ses fournisseurs et remplit au fur et à mesure les vides de son magasin en contractant à leur égard des obligations semblables ou en leur remettant les effets de commerce de ses propres débiteurs. Il parvient ainsi à renouveler quatre fois son approvisionnement dans l'année et à vendre pour 400000 francs. Il peut désormais se contenter, à l'avantage de sa clientèle, d'un profit de 10 pour 100 au lieu de 15, et cependant réaliser un total de 40000 francs au lieu de 15000. Dans ce cas, le crédit, qui a consisté dans une avance de marchandises, *a accru la richesse en rendant la circulation des produits plus rapide et plus active.*

Le crédit commercial est une excellente chose; car il *permet au capital de passer plus facilement et plus vite aux mains de ceux qui peuvent en faire le meilleur emploi.* Il ne peut avoir d'importance que dans les sociétés *assez riches pour avoir beaucoup de capitaux à prêter et beaucoup de travailleurs inspirant une confiance suffisante aux prêteurs.* Il est aujourd'hui, comme la monnaie, un instrument nécessaire au commerce; les plus grandes entreprises, telles que les compagnies de chemins de ler lorsqu'elles émettent des obligations, y ont recours, comme les plus modestes.

Mais on peut abuser du crédit, comme on abuse de beaucoup de bonnes choses. Le fabricant qui use du crédit pour fabriquer beaucoup plus de produits qu'il n'en pourra vendre, et le marchand qui ne craint pas d'acheter à crédit et à un prix très élevé beaucoup de marchandises qu'il ne pourra vendre qu'à un prix inférieur, courent à leur ruine. *Aucune institution économique ne dispense l'homme d'être raisonnable.*

TRENTIÈME LEÇON

LES INSTRUMENTS DE CRÉDIT
BILLETS DE BANQUE; LA BANQUE DE FRANCE

Le billet de banque. — C'est un écrit par lequel une banque, dite d'*émission*, s'engage à payer à toute personne qui le présentera la somme indiquée sur ce billet et ceci, à n'importe quelle date.

Ainsi donc le billet de banque est *à vue et au porteur*, bien que ces mots ne soient pas toujours inscrits dans le corps du billet. On peut donc à tout instant le présenter au remboursement et la banque est tenue d'en compter immédiatement la valeur en espèces. On peut se le transmettre librement, de la main à la main, sans signature et sans endos; quiconque en est porteur a, par ce fait seul, droit d'en demander le payement. Cette facilité même, qui rend presque impossible l'usage du billet au porteur émis par le commerce, a fait la fortune du billet au porteur émis par la banque. On refuse d'accepter le premier, parce que, dès la seconde ou troisième transmission, on ignore complètement la situation financière et la moralité de celui qui l'a signé. Mais tout le monde connaît la banque et on a confiance en elle; sa seule signature vaut mieux que celle de vingt endosseurs : on accepte volontiers son billet comme de la monnaie. Qui a payé avec un effet qu'il a endossé est exposé jusqu'à l'échéance à une réclamation et à un protêt; qui a payé avec un billet de banque est libéré. On peut voler, il est vrai, ce billet; mais ne peut-on pas voler les écus? Le billet de banque permet de compter très rapidement, de transporter sans embarras, dans un portefeuille, des sommes considérables; ces avantages suffisent pour que souvent on le préfère aux écus.

En principe, le billet de banque est un *effet de commerce émis par une banque et ayant la double qualité d'être payable à vue et au porteur*. Dans la pratique, il fait *fonction de monnaie* et remplace souvent les espèces métalliques. Il peut n'avoir pas ou avoir *cours légal*; dans le premier cas, chacun est libre de l'accepter ou de le refuser en payement; dans le second, c'est-à-dire lorsque la loi a autorisé les débiteurs à payer en billets de banque (remboursables à vue) aussi bien qu'en espèces — c'est le cas du billet de banque en France depuis 1878 — devient une véritable *monnaie fiduciaire*.

Le public gagne à l'usage du billet de banque, parce qu'il est une monnaie commode; la banque d'émission y gagne aussi, parce que, outre le bénéfice ordinaire de l'escompte, elle donne une monnaie qui ne lui coûte pour ainsi dire rien. Cependant le billet de banque ne doit pas se laisser aveugler par sa fortune; quelque large place qu'il occupe dans la circulation, il serait dangereux pour lui d'oublier qu'il n'est qu'une *promesse de payement*.

La Banque de France. — La Banque de France est une banque d'émission constituée en Société anonyme, depuis 1800. Elle a le monopole d'émettre des billets de banque dont le maximum a été porté de 5 milliards 800 millions à 6 milliards 800 millions de francs, par la loi du 29 décembre 1911.

Elle a joué un rôle considérable au XIXe siècle, lors des grandes crises commerciales :

1° En servant de régulateur au marché de l'argent;

2° En détenant dans ses caves une encaisse métallique énorme qui constitue pour la France un riche trésor en cas de guerre.

Opérations de la Banque de France. — Les principales opérations de la Banque de France sont l'*escompte*, le recouvrement des effets, les *comptes courants*, les *avances* sur dépôt de lingots, d'effets publics et titres, les avances au trésor public, la garde des titres et des métaux précieux. Les effets qu'elle escompte doivent être à *quatre-vingt-dix jours* d'échéance au plus et à *trois signatures* au moins. La troisième signature, qui peut être remplacée par un dépôt d'actions de la Banque ou d'effets publics, d'actions de chemins de fer, d'obligations de la

Ville de Paris ou de warrants, est un surcroît de précaution nécessaire. Deux signatures, comme nous l'avons dit, suffisent pour constituer une opération réelle; mais le comité d'escompte ne connaît pas la solvabilité des innombrables signataires des effets qu'elle reçoit; il connaît surtout les banquiers qui, faisant les affaires des commerçants, leur escomptent leurs effets à deux signatures, et qui, après y avoir apposé leur propre signature, les réescomptent à la Banque afin de dégager leur capital. La Banque de France ne sert pas d'intérêts aux fonds qui lui sont confiés en compte courant.

Rôle économique des banques. — Le crédit ne peut pas être gratuit : tout service doit avoir son salaire.

Quand un négociant fait crédit à un autre et accepte un effet en payement, il a l'avantage de vendre immédiatement sa marchandise et de pouvoir renouveler son approvisionnement; mieux vaut prendre un billet à quarante jours de date avec lequel on peut acheter d'autres produits que de garder sa marchandise encore quarante jours en magasin pour attendre un acheteur au comptant. Si l'acheteur avait payé en espèces sonnantes, on lui aurait fait l'escompte, c'est-à-dire une légère diminution sur le prix de la facture; accepter de lui un effet en payement est une autre manière de consentir à une légère diminution. Le besoin de vendre est la raison d'être du crédit commercial et il est naturel de payer la satisfaction de ce besoin.

Si le même négociant voulait échanger son billet, non plus contre une marchandise quelconque, mais contre la somme d'argent que ce billet représente, il ne le pourrait pas au même titre, parce que, dans les conditions ordinaires, nul n'éprouve le besoin d'échanger une valeur réelle contre la promesse de cette même valeur, c'est-à-dire plus contre moins. *Donner de l'argent contre un billet, c'est prêter de l'argent jusqu'à l'échéance, et ce prêt, comme tout autre, doit produire un intérêt,* lequel n'est pas moins légitime dans ce cas que dans les autres et prend le nom particulier d'*escompte.*

Voici un exemple. M. Jacques, filateur, auquel a été remise la lettre de change de 1000 francs tirée sur M. Charles, a besoin d'argent pour payer ses ouvriers le lendemain. Or il lui faudrait attendre encore quatre-vingts jours pour être payé lui-même par M. Charles. Il va donc trouver une personne qui possède de l'argent; il lui remet l'effet qu'il passe à son ordre, et il en reçoit, en échange, 1000 francs moins l'intérêt de 1000 francs pendant quatre-vingts jours, soit 992 fr. 20, en calculant l'intérêt à 4 pour 100.

C'est là ce qu'on appelle *escompter un effet*. Cette dernière transformation est le complément nécessaire du crédit commercial. Mais les commerçants qui peuvent dans leur industrie faire produire à leurs capitaux un intérêt supérieur à 4 pour 100, sont en général peu disposés à les céder de cette manière; il faut des établissements spéciaux où l'on fasse profession d'escompter les effets de commerce.

Autre cas. Le manufacturier du Mans a un payement à faire à Marseille. Comme il est coûteux et embarrassant d'envoyer de l'argent, lequel pourrait être perdu ou volé en route, il désire trouver au Mans un établissement qui lui procure contre leur argent comptant une lettre de change payable à Marseille, comme Jacques désirait tout à l'heure trouver de l'argent comptant en échange d'un effet.

Enfin il y a des gens qui désirent, sous une forme ou sous une autre, emprunter de l'argent; il y en a aussi qui désirent prêter de l'argent et qui ne connaissent pas d'emprunteurs ou qui n'osent pas se confier à ceux qu'ils connaissent. Les uns et les autres ont besoin de trouver quelque part des bureaux de crédit qui mettent en rapport prêteurs et emprunteurs.

Ces établissements, ces bureaux, ce sont les banques qui sont placées en quelque sorte au sommet du crédit, *recevant d'une part, et rassemblant les capitaux de ceux qui veulent prêter, dispensant, d'autre part, les capitaux à ceux qui veulent emprunter.* On pourrait comparer la banque, indispensable instrument de la circulation, à un *réservoir de capitaux*, muni d'une pompe aspirante et foulante et agissant sur les capitaux comme une pompe agit sur l'eau.

On pourrait aussi nommer le *banquier* un *marchand de capital et de crédit.*

Il est aisé de comprendre par là l'importance du rôle que jouent les banques dans le mouvement des capitaux.

TRENTE ET UNIÈME LEÇON

ROLE ÉCONOMIQUE DES EFFETS DE COMMERCE

Les effets de commerce. — Outre le billet de banque il existe d'autres effets de commerce qui ont pour but de faciliter les transactions commerciales en augmentant le crédit. Les effets de commerce qui sont le plus en usage sont le *billet à ordre*, la *traite ou lettre de change* et le *chèque*.

Supposons le cas suivant : M. Courtois, fabricant de toiles au Mans, vend 20 pièces de toile, pour 1000 francs, à M. Martin, marchand de nouveautés à Paris.

M. Martin qui n'a pas d'argent pour payer M. Courtois, lui rédige un *billet simple* en ces termes :

« A quatre-vingt-dix jours de date, je payerai à M. Courtois la somme de mille francs, valeur reçue en marchandises. » Il date et il signe.

Ce billet n'est plus en usage parce que le vendeur ne peut le présenter qu'à l'échéance de 90 jours.

On a imaginé une autre forme, le *billet au porteur*, ainsi rédigé : « A quatre-vingt-dix jours de date je payerai *au porteur*..., etc. ».

Avec ce billet, M. Courtois pourra se procurer de l'argent immédiatement, en faisant circuler ce billet au porteur par exemple à son filateur, qui le transmettra à son mécanicien..., etc., jusqu'au jour où il sera présenté à M. Martin qui l'acquittera. Mais il faut supposer que toutes ces personnes auront confiance les unes dans les autres. Autre inconvénient : le billet au porteur peut être perdu ou volé et le porteur, même de très mauvaise foi, peut en toucher le montant.

Le billet à ordre. — On a trouvé une troisième forme, ainsi conçue :

« A quatre-vingt-dix jours de date, je payerai à M. Pierre Courtois ou *à son ordre* la somme de mille francs, valeur reçue en marchandises. » Avec la date et la signature.

A l'aide des mots : « à son ordre », on constitue le *billet à ordre*, nouvelle forme qui lève les difficultés précédentes. En effet, si le manufacturier veut payer son filateur, il lui suffit d'écrire au dos du billet : « Payez à l'ordre de M. Jacques, filateur », de signer et dater.

Le souscripteur s'est engagé à payer suivant l'ordre qu'il recevrait. Eh bien, l'ordre est de payer ainsi qu'il conviendra à M. Jacques, auquel sont transmis tous les droits du propriétaire de l'effet ; et comme, entre autres droits, il a celui de donner aussi ses ordres pour le payement, il peut passer le billet à son mécanicien, en mettant :

« Payez à l'ordre de M. Paul, mécanicien », avec signature et date.

La promesse circule ainsi de main en main, transmise par des ordres successifs qu'on appelle *endossements*.

Il n'y a plus à craindre désormais que le billet soit dérobé, puisque le souscripteur ne doit payer que sur l'ordre de la personne nommée par le dernier endosseur. Il n'y a pas non plus lieu de se défier, car la loi veut que chacune des personnes qui mettent leur signature au dos d'un billet à ordre, réponde du payement, si, à l'échéance, le souscripteur ne l'acquitte pas. Cette loi est juste ; car *il ne faut pas perdre de vue que le papier n'est pas un payement réel, mais une promesse* : les endosseurs n'ont donc transmis successivement à leurs créanciers qu'une promesse ; si la promesse ne se réalise pas, ils n'en restent pas moins débiteurs et il est naturel qu'ils soient tenus d'acquitter leur dette.

La lettre de change. — On a imaginé une autre forme très usitée aussi dans le commerce, surtout dans le commerce avec l'étranger. En règle générale, un débiteur n'a jamais hâte de payer ses dettes, ni de substituer au crédit simple le crédit commercial par lequel il engage sa signature et s'expose à voir saisir ses biens, s'il ne s'acquitte pas à l'échéance ; aussi ne s'empresse-t-il guère de remettre à son créancier des billets à ordre. De plus, il arrive souvent, comme dans l'exemple précédent, que vendeur et acheteur ne demeurent pas dans le même lieu. Le billet à ordre dans ce cas présente un inconvénient, puisque le vendeur ne peut pas l'exiger de la main à la main, et que l'acheteur peut le faire attendre longtemps. D'ailleurs, l'acheteur peut croire de bonne foi que son vendeur n'a pas besoin d'argent ; n'est-il pas naturel que celui qui désire être payé réclame le payement et le réclame au moment même où ce payement lui est nécessaire ? On peut épargner ainsi des avances inutiles et du temps, lequel est toujours précieux. Or quand le vendeur a-t-il besoin d'être payé ? Évidemment, c'est au moment où il a lui-même une dette à payer.

Supposons que, le lendemain du jour où M. Courtois a livré ses toiles, son fournisseur, en lui apportant pour 1000 francs de fil, lui demande immédiatement son payement, ou plutôt ce qu'on appelle en terme de commerce, un *règlement*. Il lui remet un billet à peu près conçu en ces termes :

« A quatre-vingt-dix jours de date, veuillez payer par la *présente de change*, à l'ordre de M. Jacques, filateur, la somme de mille francs, valeur reçue en marchandises. »

Il signe et il date.

Ce billet est adressé au marchand de nouveautés, et M. Courtois met au bas, comme on mettrait sur l'enveloppe d'une lettre : « A M. Martin, marchand de nouveautés, 13, rue du Temple, Paris. »

C'est la quatrième forme du crédit commercial, celle qu'on appelle la *lettre de change*.

La lettre de change est l'inverse du billet à ordre ; par celui-ci, c'est l'emprunteur qui promet de payer ; par celle-là, c'est le prêteur qui ordonne de payer. Comme le contrat de change consistait jadis à faire livrer dans un lieu une valeur fournie dans un autre lieu, et que la lettre de change ne fait que constater le contrat de change, il fallait naguère, d'après la loi française, que la lettre fût tirée d'un lieu sur un autre. Aujourd'hui, en France, comme dans la plupart des autres pays, cette restriction n'existe plus.

Le débiteur doit être prévenu qu'on a tiré sur lui une lettre de change, car il devra écrire sur cette lettre :

« *Accepté* pour la somme de mille francs » et il signera. Faute de cette acceptation, Charles ne serait tenu à rien et pourrait refuser de payer quand on se présente au remboursement ; cette réserve est nécessaire.

Avant d'avoir circulé, la lettre de change acceptée a donc déjà une grande solidité. Le filateur qui la possède dans son portefeuille, ainsi revêtue de deux signatures, a pour garantie le crédit et les biens de deux négociants, du *tireur* (M. Courtois) et du tiré (M. Martin), qui répondent du payement. Quand lui-même la passe à son mécanicien, il l'endosse et il lui donne encore plus de solidité en y ajoutant une troisième signature et, par conséquent, une troisième garantie. La lettre circule ensuite de main en main, toujours par endossement, comme le billet à ordre. Mais elle a sur celui-ci une supériorité : toutes les contestations relatives à la lettre de change sont, en France, du ressort du tribunal de commerce, parce que quiconque accepte une lettre de change se déclare commerçant par ce fait seul et est soumis aux conséquences de la législation commerciale.

La lettre de change a de plus l'avantage d'éteindre deux dettes à la fois. Le marchand devait mille francs au manufacturier; le manufacturier devait mille francs au filateur. Si la lettre de change, qui a été une transmission de créance, est acquittée exactement à l'échéance (sans avoir circulé par endossement), il y a bien *deux dettes liquidées du même coup.*

Le mandat. — Il est bon, disons-nous, que les lettres de change soient acceptées par les débiteurs; dans la pratique, elles le sont, en effet, presque toujours. Mais il y a des cas où la nécessité de l'acceptation deviendrait une gêne. En voici un par exemple. Supposez que le marchand de nouveautés ne soit pas venu lui-même acheter les vingt pièces de toile au Mans, mais qu'il ait mandé par écrit de les lui expédier, et que le manufacturier ait obéi immédiatement à cet ordre. Le lendemain, celui-ci doit payer son filateur. Le marchand de nouveautés accepterait-il une lettre de change de mille francs, avant d'avoir reçu les toiles et examiné si elles sont bien telles qu'il les avait commandées? Évidemment non. Et pourtant il faut donner un règlement à M. Jacques. Pour concilier les deux intérêts, on modifie en ces termes la rédaction du billet :

« A quatre-vingt-dix jours de date, il vous plaira payer par le présent mandat, *non susceptible d'acceptation*, à l'ordre de M. Jacques, filateur, la somme de mille francs, valeur reçue en marchandises. »

On signe et on date.

La garantie est moindre que dans le cas précédent, puisque le tiré pourrait dire à l'échéance qu'il ne connaît pas cette dette; mais le tireur reste toujours responsable, et, à défaut du tiré, ce serait lui qui serait obligé de payer. Le *mandat* présente la même sécurité qu'un billet à ordre souscrit à M. Jacques et il a sur le billet à ordre l'avantage de liquider deux affaires.

Le chèque. — Le chèque n'est pas à la vérité un instrument de crédit, il facilite simplement le retrait de l'argent chez un banquier désigné. C'est donc un écrit sur lequel une personne charge un banquier d'avoir à payer une certaine somme d'argent soit à une personne nommément désignée, soit à l'ordre d'une personne, soit même au porteur. Il est ainsi conçu :

CRÉDIT LYONNAIS — AGENCE AD.

Veuillez agréer à X... (ou au porteur) la somme de mille francs.

Signature.

Le chèque suppose que le signataire a un dépôt dans la banque, où il adresse le chèque.

Le *chèque barré* ou *crossed chèque* ne diffère du chèque ordinaire qu'en ceci : Il porte deux barres parallèles verticales, entre lesquelles est indiqué le nom du banquier et il ne peut être encaissé que par un banquier.

Actions et obligations. — Ce sont des titres qui permettent à leur propriétaire de pouvoir se procurer de l'argent en les vendant ou de toucher l'intérêt de l'argent que représentent ces titres en en détachant périodiquement des *coupons*. L'*action* est une part dans une entreprise industrielle, commerciale ou financière. Nous avons vu que l'intérêt qu'elle donne — quand elle en donne — s'appelle *dividende*.

L'*obligation* est un titre représentatif de capitaux prêtés et remboursables au bout d'un certain temps. Elle rapporte toujours un intérêt fixe, à l'encontre de l'action qui peut ne rien rapporter.

TRENTE-DEUXIÈME LEÇON

LE CRÉDIT PUBLIC. — EMPRUNTS SUR L'ÉTAT. DETTES PUBLIQUES

Les emprunts. — L'État est obligé de faire appel au crédit dans trois circonstances principales :

1° Dans le cas d'une *guerre* à soutenir, ou d'une indemnité de guerre à payer;

2° Dans le cas d'un *déficit* profond et persistant qu'il importe de combler ;

3° Dans le cas de grands *travaux publics* qu'il est urgent ou très profitable d'exécuter.

Pour ces trois cas, l'État a recours à l'emprunt.

Diverses sortes. Il y a plusieurs sortes d'emprunts :

L'*emprunt forcé* est une sorte d'impôt extraordinaire que l'État lève, d'après certains tarifs, toujours très imparfaits, de la fortune individuelle et dont il s'engage à payer l'intérêt et quelquefois à rembourser le principal à une époque déterminée. On l'emploie rarement parce qu'il est préjudiciable à la richesse nationale.

L'*emprunt en rentes viagères* consiste dans une vente de rentes viagères d'un taux fixe dont le prix varie suivant l'âge du titulaire ou de rentes viagères d'un prix fixe et d'un taux variable suivant l'âge des titulaires. La rente viagère peut se combiner avec la *tontine*, c'est-à-dire avec la constitution de groupes composés de rentiers de même âge et ayant droit à une rente déterminée, laquelle est intégralement payée par l'État tant qu'il existe des titulaires du groupe et qui procure ainsi aux survivants un revenu croissant à mesure des extinctions.

L'*emprunt en obligations amortissables* par des tirages périodiques a l'avantage de limiter la durée de la charge ; il offre, en outre, ce caractère particulier que, tant que l'État tient loyalement ses engagements, il paraît moins susceptible de hausse et de baisse que les rentes perpétuelles, parce que la possibilité d'un remboursement prochain maintient davantage les titres dans le voisinage du pair ; c'est le mode le plus usité par les communes de France auxquelles l'État, en vertu de son droit de tutelle, interdit les emprunts à titre perpétuel. Il peut être accompagné de *lots*.

L'*emprunt en rentes perpétuelles* consiste en émission de rentes dont l'État ne promet pas le rembousement à époque fixe, mais qu'il ne s'interdit pas de rembourser s'il lui convient quelque jour de le faire. C'est aujourd'hui le mode le plus usité par les États.

L'émission peut se faire par une souscription publique à laquelle tout le monde a droit de prendre part ou par l'intermédiaire de banquiers qui se chargent de négocier à leurs risques et périls les titres sur la place. Elle est faite en titres nominatifs ou au porteur, portant un intérêt déterminé d'avance par l'État, 3, 4, 5 francs ou plus pour 100 francs de capital nominal.

Opérations de Bourse. — La souscription publique, à laquelle les banquiers prennent largement part, ne met pas de prime abord la totalité des rentes aux mains de capitalistes décidés à les conserver. Les titres flottent un certain temps dans la spéculation avant de parvenir à leurs véritables destinataires ou, suivant l'expression consacrée, avant de se classer. Il en reste même toujours un nombre plus ou moins considérable entre les mains des banquiers, et ces titres, auxquels s'ajoutent ceux qui se déclassent par décès, déconfiture ou spéculation des propriétaires, forment le fonds sur lequel roulent les opérations fermes de la Bourse. Les opérations fermes, jointes aux opérations fictives de ceux qui jouent sur la variation future des titres en hausse ou en baisse, constituent l'offre et la demande d'où résulte le *cours de la rente*. Ce cours qui est sujet à varier par des causes souvent accidentelles et sans importance réelle, fournit cependant par sa tenue générale une indication utile, en premier lieu, sur le crédit de l'État, lequel peut être regardé comme solide si le cours est élevé et comme faible s'il est bas; en second lieu, sur l'abondance des capitaux, qui a pour effet d'élever les cours, ou leur rareté qui les abaisse.

Les dettes publiques. — Il y a deux espèces de dettes : la *dette flottante* et la *dette consolidée*.

La *dette flottante* comprend l'ensemble des sommes que l'État doit à des créanciers divers et qui ne résultent pas d'emprunts consolidés. La cause principale de la dette flottante est dans les *découverts* des budgets, c'est-à-dire dans l'excédent des dépenses sur les recettes d'un exercice. Pour payer cet excédent, l'État, en France, se procure de l'argent par l'émission de *bons du Trésor*, c'est-à-dire d'effets portant intérêt et remboursables à courte échéance (trois mois, six mois, un an); il les renouvelle à mesure des besoins ou il les éteint lorsque l'excédent de recettes d'un exercice lui permet de le faire.

Une autre cause de la dette flottante se trouve dans les sommes qui sont, en exécution de la loi ou par acte volontaire des particuliers, déposées dans les caisses de l'État, comme les fonds des caisses d'épargne ou les cautionnements de certains fonctionnaires, et qui constituent les *créances passives*.

Une troisième cause est dans les besoins de la trésorerie. Un État qui a un gros budget et dont les recettes ne sauraient coïncider jour par jour d'une manière parfaite avec les dépenses, a besoin d'émettre du papier de crédit pour le service de sa caisse; pour cette raison, il ne saurait se passer d'une dette flottante.

Mais *une très forte dette flottante*, persistant pendant une série d'années, *est un embarras financier et le signe d'une gestion défectueuse.*

La dette consolidée ou dette proprement dite comprend tous les emprunts en rentes viagères, amortissables ou perpétuelles.

Le crédit est une puissance dont l'existence est très ancienne, mais dont le développement est récent. Les entreprises industrielles en ont largement profité au XIXe siècle. Les gouvernements ont fait comme l'industrie; ils se sont servis de cette puissance, tantôt pour le mal en se livrant à des prodigalités ou en entreprenant des guerres d'ambition, tantôt pour le bien en améliorant l'outillage social. Les emprunts se sont multipliés avec la facilité de les contracter et les dettes publiques ont augmenté.

Au commencement du XIXe siècle la France n'avait que 40 millions de rente à payer pour les intérêts de sa dette consolidée Aujourd'hui elle en doit payer environ 800 millions, soit un capital de 26 milliards. Si l'on y ajoute la dette viagère, la flottante et les annuités, on trouve un total fictif de 35 milliards.

Conversion. — L'État peut et doit s'efforcer de diminuer ses dettes. Il y procède au moyen des *conversions* et des *amortissements.*

Quand il a contracté un emprunt dans un temps de crise, il l'a fait presque toujours à des conditions onéreuses, parce que son crédit était alors amoindri. Quand viennent des temps meilleurs et qu'il peut emprunter à un taux moins élevé, non seulement il a le droit de rembourser, comme tout débiteur a celui de s'acquitter si le contrat ne porte pas de clause contraire, mais il a le devoir de le faire, parce que sa fonction est d'économiser le plus possible les deniers des contribuables et non de procurer de gros revenus à ses prêteurs. A cet effet, il ouvre un emprunt en stipulant un intérêt moindre et en offrant aux porteurs des anciens titres, soit de les rembourser au pair avec le produit du nouvel emprunt, soit de convertir leurs titres en titres nouveaux s'ils consentent à subir la réduction d'intérêts : c'est ce qu'on appelle une *conversion.*

Amortissement. — Il peut racheter sur le marché, à des époques fixes ou indéterminées, des titres de rentes et les annuler en diminuant ainsi le principal de la dette et les intérêts à payer : c'est ce qu'on appelle *amortissement*. L'amortissement est prévu par la loi même qui autorise l'emprunt lorsque cette loi assigne, tous les ans, une somme pour le rachat des rentes; ce système a l'avantage de rendre l'amortissement obligatoire, mais il a le grave inconvénient, lorsque les budgets se soldent en déficit, de ne réduire la dette consolidée qu'en augmentant dans la même proportion la dette flottante. Lorsque l'amortissement est facultatif, il ne se fait qu'à l'aide des excédents de recette, lorsqu'il y en a : c'est le véritable amortissement, celui qui atténue réellement les charges du Trésor. Mais ce système, à son tour, a l'inconvénient de ne pas s'imposer aux pouvoirs publics qui peuvent se laisser entraîner à donner aux excédents d'autres emplois.

TRENTE-TROISIEME LEÇON

LE COMMERCE INTÉRIEUR ET LE COMMERCE EXTÉRIEUR

Le commerce d'une nation se compose de la totalité des échanges de marchandises qui ont lieu dans cette nation. Il emploie les voies de communication pour le transport de ces marchandises, et les monnaies, les billets de banque, les moyens de crédit pour l'échange. Comme le cœur qui fait circuler le sang jusqu'aux extrémités du corps, *le commerce fait circuler la richesse; il contribue à entretenir la vie économique des nations et il augmente le bien-être des hommes.*

Le *commerçant* est un producteur d'un autre genre que le fabricant, mais il est aussi, à sa manière, un *producteur d'utilité*. Son office consiste à *transporter* les marchandises jusqu'au lieu où elles peuvent être utilisées le plus avantageusement, à les *conserver* pour le temps dans lequel elles peuvent être utilisées plus avantageusement que dans le temps présent, et surtout à les *échanger* contre d'autres valeurs, ordinairement contre de la monnaie ou contre des signes représentatifs de la monnaie, c'est-à-dire à les vendre.

Dans les plaines de l'Amérique du sud, on élève beaucoup de bœufs, dont la peau et les abats ont peu de valeur sur place, parce qu'ils y trouvent peu d'emploi. Un commerçant les *trans-*

porte au Havre, où il les vend avec un bénéfice. Ce bénéfice est légitime, car il est la rémunération du service que le commerçant a rendu en mettant ces matières utiles à la disposition de l'industrie française.

Dans un quartier de Paris éloigné du centre de la ville passe une marchande des quatre-saisons avec sa charrette remplie de légumes; elle a acheté les carottes dix sous la botte le matin même, et elle les revend quinze sous. C'est le prix de son travail et la rémunération de la peine qu'elle a prise d'aller à la halle dès quatre heures du matin, et qu'elle épargne aux ménagères du quartier.

On distingue le *commerce intérieur* et le *commerce extérieur.* Le premier est celui que font entre eux les habitants d'un même État; le second est celui que les habitants d'un État font avec ceux des autres États.

Importation et exportation. — Les marchandises qui figurent dans les échanges du commerce extérieur *passent la frontière* : celles qui viennent des pays étrangers et qui *entrent* sont les marchandises d'*importation*; celles qui *sortent* pour aller dans les pays étrangers sont les marchandises d'*exportation.*

Le commerce intérieur d'une grande nation est toujours beaucoup plus considérable que son commerce extérieur, mais on n'en connaît pas la valeur. Au contraire, on sait à peu près la valeur du commerce extérieur, parce qu'à la frontière la *douane* enregistre les marchandises importées et exportées et prélève un droit sur une partie de ces marchandises. En France, le commerce extérieur (commerce général) a dépassé 11 *milliards de francs* en 1905.

Moyens de transport rapides et à bon marché. — Sous Louis XIV, on mettait 12 jours pour aller de Paris à Strasbourg, il y a un siècle on ne mettait plus que 4 à 5 jours; aujourd'hui, grâce au chemin de fer, on se rend à Strasbourg en quelques heures.

Si les bonnes voies de communication, canaux et chemins de fer, coûtent à établir et à entretenir, elles rendent largement l'intérêt de l'argent qu'elles ont coûté par *l'économie qu'elles procurent* aux habitants et par les *débouchés qu'elles ouvrent* à leur commerce, quand elles desservent un pays possédant des richesses commerciales ou naturelles en quantité suffisante. La où il n'y a que des sentiers, un cheval porte environ 100 kilogrammes sur son dos; là où il y a une bonne route empierrée, il traîne 1000 kilogrammes dans une charrette. Sur un canal, le même cheval tire un bateau pesant 40000 kilogrammes; sur un chemin de fer, une locomotive remorque, avec beaucoup plus de vitesse qu'un cheval, 200000 kilogrammes, et cependant elle fait payer le transport cinq ou six fois moins cher que l'ancien roulage.

Sans routes, la production de la richesse est très restreinte et le commerce est presque impossible. *De bons moyens de communication sont une condition nécessaire et une cause de la prospérité du commerce.*

Si le commerce général de la France s'est élevé de 1 milliard à plus de 10 milliards de francs depuis trois quarts de siècle, et si celui de toutes les nations civilisées a augmenté dans une proportion considérable et même quelquefois plus rapide, c'est à des moyens de communication perfectionnés, tels que la *navigation à vapeur*, les *chemins de fer* et les *télégraphes* qu'est due une très grande partie de ce progrès. Ils ont opéré, durant la seconde moitié du XIXe siècle, une des *révolutions économiques* les plus grandes et les plus profitables à la production de la richesse et au bien-être des populations qui se soient jamais produites dans le monde

TRENTE-QUATRIÈME LEÇON

LIBRE-ÉCHANGE ET PROTECTION
DROITS DE DOUANE ET TRAITES DE COMMERCE

Libre-échange. — Le libre-échange ou système libéral consiste à supprimer toute barrière de douane aux frontières, afin de faciliter le commerce extérieur et d'assurer au marché national le plus large approvisionnement au moindre prix possible.

Protection. — Le régime protecteur, au contraire, a pour but de défendre toutes les industries nationales, agricoles ou manufacturières, contre la concurrence étrangère. Pour arriver à ses fins, il frappe de droits de douane plus ou moins élevés les produits qui viennent de l'étranger.

Quel est le plus avantageux des deux systèmes? Il est difficile de se prononcer, cela dépend des époques de production plus ou moins abondantes, comme des crises économiques qui sévissent par moments.

Ce qui est certain, c'est qu'au début, une industrie nationale a besoin d'être protégée contre la concurrence étrangère, mais quand elle est prospère les mesures de protection peuvent être moins rigoureuses.

Droits de douane et traités de commerce. — Il faut distinguer le *tarif général* de douane, qui est établi pour toutes les marchandises, quelle qu'en soit la provenance, et le *tarif spécial* ou *conventionnel* qui s'applique seulement à certaines marchandises et d'après les règles de divers *traités de commerce* passés entre la France et certains pays étrangers.

Dans presque tous ces traités, il y a une clause dite de la *nation la plus favorisée.* Cela veut dire que les États signataires d'un traité de commerce stipulent par avance que leur nation aura le droit de profiter des abaissements de tarifs que l'autre nation pourrait consentir à tout autre pays.

Loi du 11 janvier 1892. — L'Angleterre est libre-échangiste et s'en trouve bien. La France avait également adopté le régime libéral depuis 1860, mais sous l'influence des idées protectionnistes, elle a dénoncé tous ses traités de commerce et établi une nouvelle législation douanière en promulguant la loi du 11 janvier 1892.

Cette loi comporte un tarif *maximum* qui s'applique d'une manière générale et un tarif *minimum* qui peut être accordé par décret aux pays étrangers qui consentent à réduire leurs droits de douane en faveur des marchandises françaises.

Le commerce général, le commerce spécial. — Une marchandise peut passer et repasser la frontière sans avoir été l'objet d'un échange dans le pays : elle est venue chercher un acheteur qu'elle n'a pas trouvé ou elle a traversé le territoire pour gagner un autre État; elle ne doit pas payer le droit de douane. C'est pourquoi, dans certains pays, l'administration douanière distingue la commerce extérieur en : *commerce général, comprenant toutes les marchandises qui entrent dans le pays et qui en sortent*, à quelque titre que ce soit et quel que soit le propriétaire, et comprenant par conséquent le *transit*, et *commerce* *spécial, comprenant seulement, à l'importation, les marchandises qui entrent pour la consommation nationale en payant et celles qui sont exemptes de droits et, à l'exportation, les marchandises nationales ou nationalisées qui sont expédiées à l'étranger.*

Les entrepôts. — Les marchandises étrangères qui cherchent un acheteur et qui ne veulent pas acquitter le droit avant de l'avoir trouvé demeurent, après leur entrée, dans certains lieux spéciaux dits *entrepôts*, lesquels sont *considérés comme des territoires neutres*. Elles peuvent y rester un temps quelconque et en sortir librement, sans taxe, pour être réexpédiées dans un pays étranger; dans ce cas, elles figurent seulement à l'exportation et à l'importation du commerce général. Mais, si elles sont consommées dans l'entrepôt ou si elles en sortent pour être vendues sur le territoire national, elles acquittent le droit et figurent à l'importation du commerce spécial, après avoir figuré une première fois au commerce général.

Les entrepôts et les magasins généraux facilitent les *ventes publiques*, c'est-à-dire les ventes aux enchères, annoncées d'avance, entourées des garanties légales qui conviennent à certains commerces en gros.

Le transit. — Les marchandises qui se rendent d'un pays étranger dans un autre sont dites de *transit*; elles n'acquittent pas de droits d'importation et ne figurent pas au commerce spécial.

Le drawback. — Les douanes donnent lieu à des combinaisons fiscales très complexes. Quand un négociant fait entrer en entrepôt une marchandise qu'il réexporte sans l'avoir vendue, il ne paye pas de droit. Mais, quand un meunier importe d'Odessa du blé qu'il réexportera ensuite sous forme de farine pour la Suisse, quand un mécanicien importe de la fonte d'Angleterre qu'il réexportera sous forme de machine pour l'Italie, que convient-il de faire? Il ne serait pas juste de lui faire payer le droit comme s'il y avait eu consommation de l'objet dans le pays même, et il serait de plus dommageable à l'industrie nationale d'aggraver par là le prix de revient de ses produits sur les marchés étrangers. Dans ce cas, on peut restituer à la sortie une somme équivalente au droit qu'a dû payer à l'entrée la matière première employée : c'est ce qu'on nomme *drawback*; ou bien exiger, comme pour le transit, certaines garanties, afin de s'assurer que les matières premières introduites sous caution sont effectivement sorties après avoir reçu une main-d'œuvre c'est ce qu'on nomme *admissions temporaires*. Quelquefois la douane va au delà du simple remboursement; en vue d'une protection spéciale, elle accorde des *primes*, primes d'exportation le plus souvent, ou même primes d'importation, comme pour la grande pêche en France.

En règle générale, *les combinaisons douanières les moins complexes sont les meilleures*, parce que ce sont celles qui gênent le moins le travail et qui donnent le moins de prise à la fraude.

IV

CONSOMMATION DE LA RICHESSE

TRENTE-CINQUIÈME LEÇON

CONSOMMATIONS REPRODUCTIVES ET CONSOMMATIONS IMPRODUCTIVES

Consommations reproductives. — Ce sont celles qui sont faites en vue de la production, c'est-à-dire de la création, ou de la conservation d'une utilité quelconque, produit, service, force productive.

Exemples : quand un cultivateur met du blé en terre, il le consomme. Il consomme de plus le travail des semailles, les façons données au sol, l'intérêt de son capital pendant neuf mois et il consommera ensuite le travail des moissonneurs : toutes ces consommations ne sont que des avances faites à la production. S'il a bien opéré, le cultivateur retrouvera intégralement le total dans le produit de la récolte. Semences et travail auront été non pas anéantis, mais transformés en grain et en paille.

Quand un industriel installe à grands frais des ateliers et entreprend de se faire constructeur de machines, il consomme une quantité considérable de capitaux qu'il ne retrouvera assurément pas dans la première chaudière sortie de son usine; car c'est là, comme nous l'avons dit, du capital immobilisé. Dans le prix de cette chaudière, il recouvrera la totalité de la valeur du fer, du travail, du combustible consommés pour cette fabrication et il recouvrera, en outre, une petite partie du capital fixe de son établissement. Ainsi fera-t-il de chaque pièce qu'il confectionnera et, dans une dizaine d'années, peut-être, s'il a bien opéré, il aura, par voie d'amortissement, recouvré le tout. C'est encore là une *simple transformation*, une collection d'utilités qui ont changé de forme et qui ordinairement aboutissent à la création d'une valeur supérieure. Ces transformations sont appelées *consommations reproductives*, parce qu'en effet *on ne détruit certaines utilités que pour produire directement une somme d'utilités au moins équivalente.* Ce sont en réalité des *avances faites à la production.*

Services publics. — Les services publics coûtent très cher aux contribuables, mais s'ils sont bien dirigés, si chacun reste à sa place et remplit bien son devoir, ces services accroissent la prospérité d'une nation. En réalité ce sont des dépenses reproductives.

Une nation timide qui, arrêtée par la crainte de perdre des capitaux, s'abstiendrait d'engager une notable partie des siens dans la production, s'enrichirait moins qu'une nation entreprenante qui multiplie les emplois du capital et chez laquelle les succès dus à l'activité intelligente dépassent de beaucoup les échecs causés par la témérité.

Consommations improductives. — Toute consommation qui n'est pas reproductive est dite *consommation improductive.* Il y a deux genres très distincts de consommations improductives : la *consommation involontaire* et la *consommation volontaire.*

La perte industrielle résultant d'une entreprise mal combinée ou malheureuse est une des espèces de la consommation improductive volontaire.

L'autre espèce est la *perte accidentelle* résultant d'un événement fortuit, par exemple la destruction d'un navire et de sa cargaison dans un naufrage, d'une récolte par la grêle. Ce sont des coups du sort qu'on ne saurait prévoir avec précision pour chaque cas particulier, mais contre les désastreux effets desquels les individus, comme nous le dirons plus loin, peuvent souvent se garantir par l'assurance.

Cependant, même dans ces pertes accidentelles, l'énergie humaine n'est pas tout à fait impuissante; car beaucoup de sinistres ont pour cause première la maladresse, l'ignorance ou l'imprévoyance. Si tel pilote avait connu l'écueil, son bâtiment n'aurait pas échoué; si tel cultivateur avait couvert ses granges en tuile au lieu de chaume et espacé les bâtiments, toute sa ferme n'aurait pas brûlé. Il en est de même pour les pertes industrielles; si tel filateur comprenait la supériorité des métiers américains, il remplacerait peu à peu ses métiers renvideurs qu'il avait trente ans auparavant adoptés comme un progrès et il ne s'obstinerait pas à fabriquer des fils qui lui coûtent plus qu'il ne les vend ; si tel négociant avait mieux su la géographie commerciale et l'état des marchés, il n'aurait pas envoyé dans une contrée lointaine une marchandise qui devait probablement y être vendue à perte.

La masse des capitaux qui sont engloutis chaque année dans la consommation improductive involontaire, surtout dans la consommation industrielle, est énorme. Combien dans la quantité n'y en a-t-il pas que plus d'instruction professionnelle, plus de prévoyance et d'expérience auraient préservés ?

Par consommation improductive volontaire on entend tout ce que les individus et les sociétés consomment pour satisfaire des besoins qui ne sont pas ceux de la production de la richesse ou ceux de l'entretien et du développement des forces productives. Cette consommation se divise en *dépenses d'entretien des non-producteurs* et en *dépenses de luxe* privées ou publiques.

Par non producteurs on entend les rentiers et ceux qui ont une pension de retraite. Leur consommation est improductive, elle n'est pas pour cela moins légitime.

Le Luxe. — Par consommation de luxe, on entend toutes les consommations improductives qui ne sont pas *utiles à l'entretien* d'une personne. Mais où commence le luxe ?

Tel négociant a cocher et valet de chambre. Est-ce du luxe ? On ne saurait le dire sans examen. Car ces deux domestiques, qui constituent assurément à plusieurs égards une jouissance toute personnelle, lui permettent de s'occuper plus exclusivement de ses affaires commerciales ou de s'y rendre plus promptement. Tel autre n'a pas de voiture à lui ; mais il prend trois et quatre fois par jour une voiture de place pour faire ses courses dans Paris. Est-ce du luxe ? Non ; car il est probable que c'est une condition nécessaire de la rapidité de ses opérations. Il prend le dimanche une voiture pour se promener au bois de Boulogne. Est-ce du luxe ? Oui, mais un luxe qui ne paraît excéder en rien la mesure des dépenses qu'il peut faire et qui est une des formes du bien-être auquel son travail et son économie lui donnent droit.

La consommation de luxe n'a donc rien de blâmable en soi ; elle est une satisfaction légitime tant qu'elle n'est pas excessive, c'est-à-dire que la mesure du luxe que chacun peut se permettre est variable et déterminée par son revenu.

Chacun doit faire de son revenu deux parts : la première,

nécessaire, comprenant les dépenses d'entretien, puis de prévoyance; la seconde, *facultative*, comprenant les dépenses de luxe.

Pourtant il est un préjugé qu'il faut combattre. On dit souvent : « Le luxe fait aller le commerce. » C'est vrai dans une certaine mesure, parce qu'il y a accroissement de bien-être général, mais il ne faut pas oublier que celui-là qui fait une dépense improductive de luxe, aurait pu employer cette dépense à une consommation reproductive. Au fond, c'est une perte, et c'est pourquoi il faut absolument blâmer le *prodigue*, qui ne se contente pas d'employer ses revenus pour vivre, mais qui entame encore son capital; il ressemble au sauvage qui, pour se procurer un fruit, coupe au pied l'arbre producteur de ce fruit.

Tout homme a certains devoirs moraux qui doivent se traduire dans la pratique par des faits économiques : travailler est un de ces devoirs; *bien user de la fortune* est *aussi un devoir*. Il faut que celui qui possède la richesse sache qu'il a en main une force avec laquelle il peut produire le mal ou le bien, qu'il est de son devoir d'éviter l'un et de rechercher l'autre, d'employer une portion de son revenu à des actes de solidarité sociale et de bienfaisance éclairée, de diriger même son luxe de manière à encourager la production du beau, à former et épurer le goût de ses concitoyens.

TRENTE-SIXIÈME LEÇON

L'ÉPARGNE ET LA PRÉVOYANCE

L'épargne. — Le travail est le premier élément de la production. Il n'est pas le seul, puisque, dans tous les travaux de la civilisation et même dans presque tous les travaux de l'état sauvage, l'homme s'aide d'outils et emploie des matériaux diversement préparés, lesquels représentent toujours un travail antérieur et une richesse déjà créée. Cette richesse figure aussi au nombre des éléments de la production : elle est le *capital*, et *le capital a sa source principale dans l'épargne*.

Nous avons dit que l'économie politique était une science morale, ayant ses principes d'action dans des qualités inhérentes à la nature morale de l'homme. En effet, nous avons trouvé d'abord l'*activité* laborieuse et intelligente qui crée. Nous rencontrons maintenant une seconde qualité également indispensable, la *prévoyance*, donnant naissance à l'épargne, qui ménage, conserve et amasse.

Épargner c'est ne pas dépenser immédiatement pour la satisfaction de ses besoins personnels tout le produit de son travail ou tout son revenu; la partie réservée est précisément l'épargne. Celui qui ne réserve rien est un *imprévoyant*. Celui qui, possédant un capital, productif ou non de revenu, ne se bornerait pas à consommer pour des satisfactions personnelles tout le revenu, mais ne saurait même pas s'abstenir de consommer immédiatement une partie ou la totalité du capital et qui tuerait ainsi la poule aux œufs d'or, serait plus qu'imprévoyant : il serait *prodigue*.

Des caisses d'épargne. — Pour favoriser l'épargne, l'État a créé des caisses ou espèces de banques, organisées de telle sorte qu'il est facile aux particuliers de déposer des sommes d'argent aussi minimes qu'on le désire. A côté des nombreuses Caisses d'épargne privées, il y a la Caisse nationale d'épargne postale.

Le montant des dépôts ne peut être inférieur à 1 franc, ni supérieur à 1500 francs.

Toute personne, même mineure, peut déposer de l'argent dans les Caisses d'épargne et se faire remettre un livret spécial à son nom.

Les sommes déposées dans les caisses d'épargne produisent un intérêt annuel de 2 fr. 75 pour 100 francs.

Les Sociétés coopératives de consommation et les assurances dont nous avons parlé ci-dessus[1] sont aussi des formes de la prévoyance des plus recommandables.

Il y a d'autres formes de l'assurance sur la vie, telles que l'achat d'une *rente viagère* à un âge déterminé par une prime annuelle, l'*assurance dotale* ou constitution d'un certain capital à la majorité moyennant un versement fait à une époque antérieure ou une prime payée annuellement; ce sont des modes, très recommandables, de placements de capitaux par prévoyance qui peuvent être classés dans la catégorie des consommations préservatives.

1. Voir p. 164.

Sociétés de secours mutuels. — Les *sociétés de secours mutuels* rentrent dans la catégorie des consommations préservatives. Moyennant une cotisation mensuelle qui dépasse rarement 2 francs, elles assurent, en cas de maladie, les soins du médecin, les médicaments, une indemnité journalière qui supplée au salaire absent, et, en cas de mort, les frais d'enterrement, quelquefois même une certaine somme à la veuve. C'est un genre d'assurance presque indispensable au salarié, que la maladie et le chômage causé par la maladie réduiraient au dénuement.

Les retraites. — Les *retraites*, qui sont une rente à la vieillesse, appartiennent aussi à cette catégorie. L'État, en France, assure une retraite à ses fonctionnaires et leur fait à cet effet une retenue sur leur traitement. Nombre de sociétés de secours mutuels assurent, moyennant cotisation, une retraite à leurs membres. La question des *retraites ouvrières*, c'est-à-dire la recherche des moyens par lesquels on pourrait procurer à certains groupes de travailleurs ou même à tous les travailleurs sans fortune une pension viagère, est aujourd'hui résolue par la loi actuellement en vigueur du 5 avril 1910.

Loi sur les retraites ouvrières. — Cette loi comporte trois grands principes : 1° La retraite est *obligatoire* pour tous les salariés qui ne gagnent pas plus de 3000 francs par an,

2° La retraite est constituée en raison de la triple participation du salarié, du patron et de l'État;

3° La retraite est obtenue en capitalisant les versements du patron et du salarié et en y ajoutant une allocation de l'État.

Les associés *facultatifs* comprennent : 1° tous les salariés gagnant plus de 3000 francs et moins de 5000 francs;

2° Les femmes et veuves, non salariées, des assurés obligatoires;

3° Les fermiers, métayers, cultivateurs, artisans et petits patrons, qui travaillent habituellement seuls ou avec un seul ouvrier et avec des membres de leur famille, salariés ou non, habitant avec eux.

Constitution de la retraite pour les assurés obligatoires. — Les hommes versent 9 francs, par an, les femmes 6 francs et les mineurs au-dessous de 18 ans, 4 fr. 50; le patron verse la même somme pour chacun de ses salariés; l'État ne fait pas de versements, il n'intervient qu'au moment de la liquidation de la pension de retraite.

Le système adopté est appelé système de la *capitalisation*.

Les cotisations du salarié et du patron sont versées dans une des caisses instituées par la loi et portées au compte de l'assuré.

Ces versements, augmentés des intérêts composés, constituent un capital qui devient la propriété du salarié et qui doit servir à lui payer sa pension de retraite. C'est au moment où le salarié aura droit à sa retraite que l'État verse à son compte le capital représentatif d'une allocation annuelle et viagère de 60 francs.

D'après les tables de mortalité de la caisse des retraites pour la vieillesse, on estime que la retraite, pour un salarié obligatoire qui aurait versé 9 francs chaque année, pendant une quarantaine d'années, serait environ de 360 francs par an.

Versements des salariés. — C'est le patron ou l'employeur qui doit retenir la contribution du salarié sur sa paye.

La cotisation varie avec la durée du travail, sans que jamais cette cotisation du salarié ne puisse dépasser 3 centimes par jour, pour les hommes, 2 centimes, pour les femmes et 1 c. 1/2, pour les mineurs.

Contribution patronale. — Le versement de la contribution patronale s'effectue au moyen de l'apposition lors de la paye, d'un timbre mobile spécial sur la *carte annuelle* délivrée par la mairie.

S'il a été impossible à l'employeur d'apposer le timbre prescrit, il pourra se libérer de la somme à sa charge en la versant, à la fin de chaque mois, au greffe de la Justice de paix.

Les société de secours mutuels, les Caisses d'épargne peuvent être chargées de l'encaissement de leurs adhérents, si ceux-ci le demandent.

Allocations de l'État. — Lorsque l'assuré a effectué au moins 30 versements annuels s'élevant y compris ses versements facultatifs au chiffre fixé par la loi, il reçoit de l'État, à partir de 60 ans, une allocation annuelle et viagère de 100 francs qui s'ajoute à la rente provenant de ses versements et des contributions patronales.

Les deux années de service militaire comptent pour deux versements annuels.

Si le nombre des versements est inférieur à 30, mais supérieur à 15, l'allocation de l'État sera calculée à raison de 1 fr. 50 par année de versement.

Si les versements ont été faits pendant moins de 15 ans, l'assuré n'a droit à aucune allocation, sauf pour ceux qui avaient plus de 45 ans et moins de 65 ans au 3 juillet 1911[1].

Versements des assurés facultatifs. — La retraite des assurés facultatifs (excepté les métayers) est constituée au moyen des versements qu'ils ont effectués dans une des Caisses admises au service des retraites. Ils apposent sur leur carte des timbres du type « assuré ». Des majorations de l'État viennent, dans certains cas, s'ajouter à la pension produite par ces versements.

Le montant de la cotisation annuelle est de 9 francs au minimum et de 18 francs au maximum.

La majoration de l'État ne peut pas dépasser 60 francs de rente.

Liquidation de la retraite. — L'âge normal de la retraite est de 60 ans, mais l'assuré peut aller au delà en continuant ses versements.

Liquidation anticipée. — L'assuré obligatoire peut, à partir de 55 ans, réclamer la liquidation anticipée de sa retraite; dans ce cas l'allocation de l'État subit une réduction proportionnelle.

En cas d'invalidité résultant d'un accident du travail, la liquidation de la retraite peut avoir lieu même avant l'âge de 55 ans.

La loi accordant des secours aux vieillards âgés de 70 ans et sans ressources, date de 1905. Elle devra être remaniée ainsi que la loi sur les retraites ouvrières.

1. En ce qui concerne les femmes, chaque naissance d'enfant, constatée par une déclaration faite à l'officier de l'état civil, compte pour une année dans la détermination de l'allocation viagère.

TABLE DES MATIÈRES

Pages

Avant-propos v
Extrait des programmes officiels du 20 juillet 1909. vii
Déclaration des Droits de l'Homme et du Citoyen xi

PREMIÈRE PARTIE

INSTRUCTION CIVIQUE.

PREMIÈRE LEÇON. — *L'Egalité*. 1
But de l'instruction civique, page 1. — Organisation politique et sociale ou Droit public, 1. — Egalité civile, 2.

DEUXIÈME LEÇON. — *La Liberté*. 3
La Liberté, 3. — Liberté individuelle, 3. — Liberté de conscience, 3. — Liberté du travail, du commerce et de l'industrie, 4. — Liberté de réunion et d'association, 4. — Liberté de la presse, 5.

TROISIÈME LEÇON. — *La souveraineté nationale et le suffrage universel*. . 6
Les droits politiques, 6. — La souveraineté nationale, 6. — Les différentes formes de gouvernement, 6. — La Constitution de 1875, 7.

QUATRIÈME LEÇON. — *Les pouvoirs publics*. 7
Les pouvoirs publics, 7.

CINQUIÈME LEÇON. — *Le pouvoir législatif*. 9
Le Sénat, 9. — La Chambre des députés, 10.

SIXIÈME LEÇON. — *La Chambre et le Sénat*. — *Règles et attributions communes*. 11
La loi, 11. — Pouvoir constituant, 12. — Pouvoir de contrôle, 12.

SEPTIÈME LEÇON. — *Le pouvoir exécutif*. 13
Le Président de la République, 13. — Les Ministres, 13.

HUITIÈME ET NEUVIÈME LEÇONS. — *Organisation administrative* 15
Les fonctionnaires, 15. — L'administration intérieure, 15. — Le département, 15. — Le préfet, 16. — Le conseil général, 17. — La commission départementale, 17. — L'arrondissement, 18. — Le sous-préfet, 18. — Le conseil d'arrondissement, 18. — Le canton, 19.

DIXIÈME ET ONZIÈME LEÇONS. — *Organisation administrative (suite)*. . 19
La commune, 19. — Le maire, 20. — Le conseil municipal, 21.

DOUZIÈME LEÇON. — *Organisation judiciaire*. 24
Principes généraux de la justice en France, 24. — Gratuité de la justice, 25. — Les juges de paix, 26. — Les tribunaux de première instance, 26. — Les cours d'appel, 26.

TREIZIÈME LEÇON. — *Tribunaux (suite)*. — *Les auxiliaires de la justice*. 27
Les tribunaux de commerce, 27. — Les conseils de prud'hommes, 27. — La cour de cassation, 27. — Les auxiliaires de la justice : avocats, avoués, huissiers, 27. — Agréés près les tribunaux de commerce, 28. — Arbitres privés, 28. — Assistance judiciaire, 28.

QUATORZIÈME LEÇON. — *Les juridictions répressives*. 8
Les juridictions d'instruction, 29. — Le tribunal de simple police, 29. — Le tribunal correctionnel, 29. — Cour d'assises, 30.

QUINZIÈME LEÇON. — *Les juridictions administratives*. 31
Les juridictions administratives, 31. — Conseil de préfecture, 31. — Conseil d'Etat, 32. — Cour des comptes, 32. — Tribunal des conflits, 32.

SEIZIÈME LEÇON. — *Les impôts*. 33
L'impôt, 33. — Impôts directs, 33. — Taxes assimilées, 34. — Impôts indirects, 34. — Impôts de répartition, 34. — Impôts de quotité, 34.

DIX-SEPTIÈME LEÇON. — *Le budget de l'Etat. — Le vote et recouvrement de l'impôt*. 35
Le budget de l'Etat, 35. — Vote du budget, 35. — Exécution du budget, 36. — Du recouvrement de l'impôt direct, 36. — Du recouvrement des contributions indirectes, 36. — Impôts locaux, 37.

DIX-HUITIÈME LEÇON. — *Le service militaire*. 37

DIX-NEUVIÈME LEÇON. — *L'enseignement public*. 40
Enseignement primaire, 40. — La commission scolaire, 40. — Mesures de répression, 41. — Etablissements, 41. — Personnel enseignant, 41. — Enseignement secondaire, 42. — Enseignement supérieur, 42.

VINGTIÈME LEÇON. — *Les grands services publics*. 43
La hiérarchie administrative, 43. — Intérieur, 44. — Justice, 44. — Affaires étrangères, 45. — Finances, 45. — Guerre, 45. — Marine, 45. — Instruction publique et Beaux-Arts, 46. — Travaux publics, Postes et Télégraphes, 46. — Commerce et Industrie, 47. — Agriculture, 47. — Colonies, 47. — Travail et Prévoyance sociale, 47.

DEUXIÈME PARTIE

DROIT PRIVÉ

I

LES PERSONNES

VINGT ET UNIÈME LEÇON. — *Les actes de l'État civil*. 49
Droit privé, 49. — Les actes de l'état civil, 49. — Règles spéciales à chacun des actes de l'état civil, 50. — Acte de naissance, 51. — Acte de décès, 52.

VINGT-DEUXIÈME LEÇON. — *Constitution de la famille. — Le mariage. — Acte de mariage. — Droits et devoirs respectifs des époux*. 52
Acte de mariage, 55. — Devoirs respectifs des époux, 55. — Dissolution du mariage, 55.

VINGT-TROISIÈME LEÇON. — *Notions très sommaires sur le contrat de mariage*. 55
Régime de communauté légale, 56. — Régime exclusif de communauté, 57. — Régime de séparation de biens, 57. — Régime dotal, 57.

VINGT-QUATRIÈME LEÇON. — *Incapacité de la femme mariée* 57
Autorité maritale, 57. — Incapacité de la femme mariée, 58. — Sanction, 58. — Loi du 13 juillet 1907, 58. — Divorce et séparation de corps, 58.

VINGT-CINQUIÈME LEÇON. — *La puissance paternelle* 59
Fin de la puissance paternelle, 60.

VINGT-SIXIÈME LEÇON. — *La parenté et l'alliance*. 60
La parenté, 60. — L'alliance, 61. — Conséquences juridiques de la parenté et de l'alliance, 63. — Obligation alimentaire, 63.

VINGT-SEPTIÈME LEÇON. — *Les incapables. — Tutelle* 63
Protection des incapables, 63. — Des mineurs, 64. — Règles imposées au tuteur, 65.

VINGT-HUITIÈME LEÇON. — *Emancipation — Interdiction* 67
L'émancipation, 67. — L'interdiction, 68. — Procédure, 98. — Les effets 63. — Aliénés placés dans un asile, 68. — Prodigues et faibles d'esprit, 69.

II

LES BIENS

VINGT-NEUVIÈME LEÇON. — *Distinction des biens: meubles et immeubles*. 70
Les biens, 70. — Les immeubles, 70. — Les meubles, 71. — Titres nominatifs et titres au porteur, 72.

TRENTIÈME LEÇON. — *Droits réels et personnels* 72
Distinction fondamentale, 72.

TRENTE ET UNIÈME LEÇON. — *Du droit de propriété*. 73
La propriété, 73. — Modes d'acquisition de la propriété, 74. — Expropriation pour cause d'utilité publique, 75. — Autres restrictions, 75. — De la propriété littéraire et artistique, 75. — Propriété industrielle, 76.

TRENTE-DEUXIÈME LEÇON. — *Démembrement de la propriété. — L'usufruit.* 77
Usufruit, 77.

TRENTE-TROISIÈME LEÇON. — *Les servitudes* 78
Bornage, 79. — Mitoyenneté, 80. — Plantations, 80. — Vues, 81.

TROISIÈME ANNÉE D'ÉTUDES

ÉCONOMIE POLITIQUE

DROIT PRIVÉ (*suite*)

III

DES CONTRATS ET DES OBLIGATIONS

PREMIÈRE LEÇON. — *Contrats et obligations* 85
Sources des obligations contractuelles et non contractuelles, 85. — Convention, 85. — Contrat, 85. — Obligation, 85. — Liberté des conventions, 85. — De la capacité de contracter, 86. — Délit, 87. — Quasi-contrat, 87. — Quasi-délit, 87. — La loi, 87.

DEUXIÈME LEÇON. — *Acte authentique et acte sous-seing privé* 88
Preuve des obligations, 88. — De l'enrégistrement des actes écrits, 88. — Droit de mutation, 89. — Modes d'extinction des obligations, 89.

TROISIÈME LEÇON — *La vente et le louage*. 90
La vente, 90. — Le louage, 91. — Baux ruraux, 92. — Colonage partiaire ou métayage, 92. — Cheptel, 92.

QUATRIÈME LEÇON. — *Louage de services* 93
Contrat d'apprentissage, 93. — Contrat de travail, 93. — Garantie des salaires, 94. — Rapports entre ouvriers et patrons, 94. — Travail des adultes, 94. — Travail des femmes et des enfants, 95. — Conflits industriels et grèves, 95. — Accidents du travail, 96.

CINQUIÈME LEÇON. — *Le prêt, les privilèges et les hypothèques* 96
Le prêt à usage ou commodat, 96. — Le prêt à intérêts, 97. — Usure, 97. — Crédit personnel et crédit réel, 97. — Les privilèges, 98. — L'hypothèque, 98.

SIXIÈME LEÇON. — *Les Assurances*. 100
L'assurance, 100. — L'assurance contre l'incendie, 100. — Assurance sur la vie, 101. — Assurance mixte, 102. — Assurance sur la tête d'autrui, 102. — Assurance à prime unique, 102. — Assurances mutuelles, 102.

IV

SUCCESSIONS, LEGS ET DONATIONS

SEPTIÈME LEÇON. — *Les successions*. 103
Les ordres d'héritiers, 103. — Successeurs réguliers, 103. — Successeurs irréguliers, 103.

HUITIÈME LEÇON. — *L'acceptation et la renonciation*. 105
Le partage et le rapport, 106.

NEUVIÈME LEÇON. — *Les donations et les testaments*. 107
La donation, 107. — Le testament, 108. — Formes du testament, 108. — Différentes espèces de legs, 109. — La quotité disponible et la réserve, 109.

V

COMMENT ON DÉFEND SES DROITS

DIXIÈME LEÇON. — *Idée générale de la marche d'un procès*. 111
Organisation générale de la procédure civile, 111. — Introduction de l'instance, 111. — Ajournement et instance, 111. — Voies de recours contre le jugement, 112. — Appel, 112. — Pourvoi en cassation, 112. — Voies d'exécution du jugement, 112. — Diverses sortes de saisies, 112. — Opposition, 113. — Référé, 113. — Procès pénal, 113. — Contentieux administratif, 113.

VI

DROIT COMMERCIAL

ONZIÈME LEÇON. — *Les actes de commerce et les livres de commerce*. . . 115
Droit commercial, 115. — Actes de commerce, 115. — Actes de commerce par leur nature, 115. — Actes de commerce par leur forme, 116. — Actes de commerce par la qualité de leur auteur ou en vertu de la théorie de l'accessoire, 116. — Des commerçants, 117. — Livres de commerce, 117.

DOUZIÈME LEÇON. — *Notions très sommaires sur les sociétés commerciales. Faillite et liquidation judiciaire*. 118
Société, 118. — Société par intérêt ou en nom collectif, 118. — Société par actions ou anonyme, 119. — Société en commandite, 119. — Actionnaires et obligataires, 120. — La faillite, 120. — Liquidation judiciaire, 121. — Réhabilitation, 121. — Banqueroute, 121.

TROISIÈME PARTIE

NOTIONS D'ÉCONOMIE POLITIQUE

GÉNÉRALITÉS

TREIZIÈME LEÇON. — *L'économie politique et sociale : ses principales divisions*. 123
Définitions, 123. — L'utilité et la richesse, 124.

I

PRODUCTION DE LA RICHESSE

QUATORZIÈME LEÇON. — *Les agents de la production: nature, travail, capital* 127
Les sources de la production, 127. — Les conditions générales de la production, 127.

QUINZIÈME LEÇON. — *La nature* 129
La nature et les agents naturels, 129. — L'emplacement, 130. — Le milieu physique, 130. — Matières premières, 130.

SEIZIÈME LEÇON. — *Le travail* 131
Le travail, 131. — Le travail musculaire et le travail manuel, 131. — Le travail intellectuel. Invention. Direction, 132. — Conditions de productivité du travail, 133.

DIX-SEPTIÈME LEÇON. — *La division du travail*. 133
Spécialisation des professions, 133. — Division des tâches, 133. — Avantages de la division du travail, 134. — Inconvénients de la division du travail, 135. — Grandes applications du travail humain, 135.

DIX-HUITIÈME LEÇON. — *Les machines* 136
Industrie manufacturière, 136. — Les machines, 136. — Avantages des machines, 137. — Critiques adressées à l'emploi des machines, 137.

DIX-NEUVIÈME LEÇON. — *Le capital* 141
Le capital fixe, 141. — Le capital circulant, 142.

VINGTIÈME LEÇON. — *Résultats de l'association du capital et du travail*. 144
La grande industrie, 144. — La petite industrie, 145. — Rôle de l'entrepreneur, 145. — Grande et petite culture, 145. — Coalitions de producteurs agricoles, 146.

VINGT ET UNIÈME LEÇON. — *Les syndicats professionnels patronaux, ouvriers* 146
Constitution régulière des syndicats, 146. — Pouvoirs des syndicats, 147. — Fédérations, 147. — Action des syndicats ouvriers, 147. — Comparaison avec les anciennes corporations, 148.

II

RÉPARTITION DE LA RICHESSE

VINGT-DEUXIÈME LEÇON. — *La propriété individuelle*. 149
La répartition des richesses, 149. — La propriété individuelle, 149. — Le droit de transmission, 150. — Les critiques du socialisme contre la propriété, 150. — Liberté des conventions, 152.

VINGT-TROISIÈME LEÇON. — *Le fermage et la rente du sol*. 153
Le fermage, 153. — La théorie de la rente foncière, 154.

VINGT-QUATRIÈME LEÇON. — *La part du travail : le salaire*. 157
Le salaire, 157. — Le taux des salaires, 158. — La participation aux bénéfices, 159. — Le salaire à la journée et à la tâche et les heures de travail, 160.

VINGT-CINQUIÈME LEÇON. — *La part du capital : le loyer et l'intérêt*. . . . 161
L'intérêt, 161. — Le taux de l'intérêt, 162. — Limitation du taux de l'intérêt, 162. — Le profit, 163. — Différence entre le profit et le salaire, d'une part, entre le profit et l'intérêt, d'autre part, 163. — Variations des profits, 163.

VINGT-SIXIÈME LEÇON. — *Les associations ouvrières*. 164
Sociétés coopératives, 164. — La société de crédit mutuel, 164. — La société de consommation, 164. — La société de production, 164.

III

CIRCULATION DE LA RICHESSE

VINGT-SEPTIÈME LEÇON. — *L'échange. — La valeur et le prix. — Concurrence et monopole* 168
Circulation de la richesse, 168. — Echange, 168, — Valeur, 169. — Le prix, 169. — Loi de l'offre et de la demande, 169. — Concurrence et monopole, 170. — Avantages de la concurrence, 170.

VINGT-HUITIÈME LEÇON. — *La monnaie*. 170
La monnaie, 170. — Du choix d'une monnaie, 171. — Les monnaies d'or, 172. — Les monnaies d'argent, 172. — Monnaies de nickel et de bronze, 172. — Monométallisme et bimétallisme, 173. — Loi de Gresham, 173.

VINGT-NEUVIÈME LEÇON. — *Le crédit : ses avantages*. 174
Le crédit, 174.

TRENTIÈME LEÇON. — *Les instruments de crédit. — Billets de banque ; la Banque de France* 176
Le billet de banque, 176. — La Banque de France, 177. — Opérations de la Banque de France, 177. — Rôle économique des banques, 178.

TRENTE ET UNIÈME LEÇON. — *Rôle économique des effets de commerce*. . 180
Les effets de commerce, 180. — Le billet à ordre, 180. — La lettre de change, 181. — Le mandat, 183. — Le chèque, 183. — Actions et obligations, 184.

TRENTE-DEUXIÈME LEÇON. — *Le crédit public. — Emprunts sur l'Etat. — Dettes publiques*. 184
Les emprunts, 184. — Opérations de bourse, 185. — Les dettes publiques, 186. — Conversion, 187. — Amortissement, 187.

TRENTE-TROISIÈME LEÇON. — *Le commerce intérieur et le commerce extérieur* 188
Importation et exportation, 189. — Moyens de transport rapides et à bon marché, 189.

TRENTE-QUATRIÈME LEÇON. — *Libre-échange et protection. — Droits de douane et traités de commerce* 190
Libre-échange, 190. — Protection, 190. — Droits de douane et traités de commerce, 191. — Loi du 11 janvier 1892, 191. — Le commerce général, le commerce spécial, 191. — Les entrepôts, 192. — Le transit, 192. — Le drawback, 192.

IV

CONSOMMATION DE LA RICHESSE

TRENTE-CINQUIÈME LEÇON. — *Consommations reproductives et consommations improductives* 194
Consommations reproductives, 194. — Services publics, 195. — Consommations improductives, 195. — Le luxe, 196.

TRENTE-SIXIÈME LEÇON. — *L'épargne et la prévoyance* 197
L'épargne, 197. — Les caisses d'épargne, 198. — Sociétés de secours mutuels, 199. — Les retraites, 199. — Loi sur les retraites ouvrières, 199 — Constitution de la retraite pour les assurés obligatoires, 199. — Versements des salariés, 200. — Contribution patronale, 200, — Allocations de l'Etat, 200. — Versements des assurés facultatifs, 201. — Liquidation de la retraite, 201. — Liquidation anticipée, 201.

74301. — Imprimerie LAHURE, rue de Fleurus 9, à Paris.

Imp. Crété.

Enseignement prim. supr (cour. agrandi), 2-1913-50.000.

www.ingramcontent.com/pod-product-compliance
Ingram Content Group UK Ltd.
Pitfield, Milton Keynes, MK11 3LW, UK
UKHW022047190726
13855UKWH00002B/424

9 782013 473651